En esta casa mando yo, y punto

SARA DESIRÉE RUIZ

En esta casa mando yo, y punto

Cómo comunicar y establecer límites claros en la adolescencia

Grijalbo

Papel certificado por el Forest Stewardship Council®

MIXTO
Papel | Apoyando la silvicultura responsable
FSC® C117695

Penguin Random House Grupo Editorial

Primera edición: enero de 2025

Printed in Spain — Impreso en España

ISBN: 978-84-253-6670-3
Depósito legal: B-19.385-2024

Compuesto en Promograff - Promo 2016 Distribucions, S. L.

Impreso en Huertas Industrias Gráficas, S. A.
Fuenlabrada (Madrid)

GR 6 6 7 0 3

Mientras vivas bajo mi techo, siempre será el tuyo
y te prepararé para que vivas fuera de él.

A todas las personas que, a lo largo de la historia,
han trabajado para dejar atrás la educación basada en el miedo.
A ti, que quieres educar en el pensamiento crítico,
la inteligencia emocional, la responsabilidad afectiva
y el uso cívico de la libertad personal.
Gracias en nombre de las personas adolescentes de tu vida
y de todas las generaciones futuras.
No son de cristal, son diamantes

Índice

Mientras vivas bajo mi techo

Lola siempre se había esmerado en la educación de su hija Emma.* Le preocupaban especialmente su seguridad y su bienestar emocional, pero desde que la adolescencia irrumpió en su vida la preocupación se transformó en una necesidad imperiosa de protegerla de los numerosos peligros del mundo. Se volvió una madre desconfiada y estricta. Cuando pensaba que Emma podía estar haciendo algo que la ponía en riesgo, se le formaba un nudo en el estómago y, casi sin darse cuenta, empezó a comportarse de forma autoritaria y controladora. Las personas de su entorno la habían convencido de que la mano dura era clave para ganarle el pulso a esa etapa y evitar que Emma se desviase del «buen camino».

Entraba en la habitación de su hija con cualquier excusa para supervisar lo que estaba haciendo. Aprovechaba los momentos en los que Emma había salido de casa para rebuscar

* Todos los ejemplos que compartiré contigo en los diferentes capítulos de este libro son reales, pero ninguno de los nombres y otros detalles que aporto lo son. Todo lo que te cuento tiene el objetivo de transmitir mejor la información.

entre sus cosas. Siempre que tenía ocasión, leía las conversaciones de sus chats. Le daba largas charlas llenas de lecciones y consejos. La amenazaba con privarla de cosas que la hacían feliz. Insistía en que hiciese las tareas académicas y estudiase. Cuando a Lola algo no le gustaba, le prohibía hacerlo. Si alguien no le caía bien, vetaba a esa persona en la vida de Emma. Cuando su hija hacía o decía algo que no le parecía adecuado, la castigaba al instante. Llegó a dejarle claro que, como adulta, en esa casa era ella la que tomaba las decisiones importantes.

Lola empezó a notar muy pronto que su comportamiento causaba en Emma reacciones que nunca había observado en ella. Su hija evitaba hablarle de su vida. Cesaron sus conversaciones. Dejó de hacerle preguntas y de buscar su opinión. Pasaba la mayor parte del tiempo en su cuarto y, cuando salía, la evitaba. Sus contestaciones empezaron a ser agresivas. Emma siempre cuestionaba los razonamientos de su madre, desafiaba la lógica de todo lo que le decía. Lola sentía que su hija tenía respuestas para todo y que nunca se conformaba con lo que ella le explicaba. Creía que ni la escuchaba ni valoraba lo que le decía. Nada de lo que hacía tenía el efecto esperado en el comportamiento de Emma. Sentía que su hija era una desagradecida.

Empezó a recibir sus primeras miradas de odio. A escuchar palabras hirientes que le llegaban al alma. Aumentaron las faltas de respeto, las noches sin dormir esperando a que llegase, los mensajes en visto sin respuesta, los «Pesada», «Amargada», «Déjame en paz», «Cómprate una vida», «Te odio», «Ojalá no fueras mi madre», «Qué ganas tengo de cumplir dieciocho para no verte más», y otras lindezas por el estilo. Lola veía que la situación se le iba de las manos y se sentía cada vez más débil frente a su hija. Dudaba de todo lo que hacía. Temía las reacciones de Emma. Se culpaba. Estuvieron así hasta que Emma cumplió los dieciséis, momento que marcó un antes y un después para Lola, pues su hija hizo algo que nunca había hecho y que la llevó a pensar que había fracasado como madre.

Una tarde, tras descubrir que Emma había faltado a clase sin justificación alguna, esperó a que su hija volviese a casa, supuestamente, del instituto. La tensión se palpaba en el aire. Cuanto más tiempo pasaba, más se enfadaba Lola, que no podía dejar de sentir los efectos de la «traición» de su hija. Sentada en el sofá, casi sin respirar, fue incapaz de evitar los pensamientos terribles que le venían a la cabeza a cada segundo de aquella espera y que aumentaban su nerviosismo.

Cuando Emma llegó, intentó irse directamente a su habitación para evitar a su madre, pero Lola le salió al paso y se puso en mitad del pasillo para impedírselo.

—¿Dónde estabas? —preguntó, intentando mantener la calma.

—No te importa —respondió Emma, evasiva.

—Has quitado la localización del móvil. No has respondido a mis mensajes y llamadas. ¡Te he dicho mil veces que si faltas a clase necesito saberlo! —gritó Lola.

—Déjame en paz, puta loca —soltó Emma ante la mirada atónita de su madre.

Lola sintió que su mundo se derrumbaba. Incapaz de evitarlo, la rabia activó las lágrimas. Lloraba y gritaba mientras perseguía a Emma por toda la casa. Intentaba que su hija, que pasaba de ella y la miraba con indiferencia, entrara en razón y comprendiese que le decía aquello por su bien, que no podía faltarle al respeto de esa manera, que estaba yendo por el mal camino. Emma entró en su habitación y su madre la siguió.

—¡Que te estés quieta y me escuches de una vez! ¡Te estoy hablando! —vociferó Lola.

—Que te pires de mi cuarto —exigió Emma mirándola con desprecio.

—¿Tu cuarto? ¡Que yo sepa la hipoteca la pago yo!

—¡Que paso de ti! ¡Que tus normas son absurdas! —contestó su hija levantando la voz.

—¿Absurdas? ¡Pues que sepas que mientras vivas bajo mi techo tendrás que comerte mis normas! ¡Mientras vivas en mi casa seguirás mis reglas!

—¡No soporto vivir aquí! ¡Me piro!

Acto seguido, Emma cogió la mochila, metió algo de ropa, esquivó a su madre a gran velocidad y salió de casa dando un sonoro portazo.

Lola estuvo tres días sin saber nada de su hija. Al principio se sintió ninguneada, despreciada y abandonada en su propia casa. Se decía que no se lo merecía, después de todo lo que había hecho por ella desde que nació… A medida que pasaban las horas sin noticias, la rabia iba dando paso al miedo más intenso: «¿Y si no vuelve?». Fueron los tres días más horribles de su vida.

El abismo que se abrió entre las dos le parecía insalvable. Ese amargo intercambio marcó un punto de inflexión en su vida. A partir de ese día, el silencio y la distancia emocional reemplazaron a las discusiones. La falta de comunicación y comprensión mutua creó una grieta enorme entre ellas. La frase «Mientras vivas bajo mi techo» pudo ser el preludio de un silencioso adiós a la bonita relación que una vez compartieron. Aunque ese no fue el final de la historia. Más adelante te contaré lo que pasó con Lola y Emma.

Históricamente, la expresión «Mientras vivas bajo mi techo» se ha usado para transmitir autoridad y conseguir el respeto por las normas de convivencia durante la adolescencia. En los años que llevo trabajando con familias y adolescentes, puedo afirmar que en muchísimas familias se ha dicho alguna vez con el convencimiento de que tiene efecto. Y sin duda lo tiene. Pero ¿es el que esperamos? ¿Qué implicaciones tiene decir esto o algo por el estilo a una persona adolescente? ¿Hay alternativas más saludables para la relación? ¿Cómo podemos comunicar límites sin volvernos autoritarias? ¿Es posible que la convivencia sea agradable a pesar de establecer límites?

Este libro pretende responder a todas estas preguntas. Está diseñado como un repertorio de recursos para personas que tienen adolescentes cerca, con el objetivo de no recurrir a la frase «Mientras vivas bajo mi techo» u otras similares. En sus páginas descubrirás una amplia gama de estrategias, pautas e ideas basadas en la comprensión profunda de la adolescencia, el diálogo reflexivo y la comunicación asertiva. He seleccionado prácticas con evidencia científica que, además, he usado durante los más de veinte años que llevo trabajando con adolescentes y ayudando a sus familias a comunicar límites con seguridad y eficacia. Me he centrado en transmitir la mejor forma de hacerlo durante la compleja transición hacia la vida adulta que se da en esta etapa.

En la adolescencia, cuestionar los límites es un paso natural hacia el desarrollo de la autonomía y la construcción de la identidad. Por lo tanto, abordaré la importancia de fomentar la independencia y la responsabilidad en las personas adolescentes de nuestra vida sin dejar de proporcionarles el apoyo necesario para que sean capaces de superar los retos que se encontrarán. Y todo esto desde una perspectiva de colaboración y comprensión recíproca, lejos de prácticas que pongan en peligro nuestra relación y su seguridad, para prevenir al máximo los riesgos derivados del establecimiento de los límites en esta etapa.

Mi deseo es que cuando acabes de leer este libro hayas comprendido que comunicar límites no está reñido con disfrutar de un ambiente agradable en la convivencia con personas adolescentes. Que, para mantener relaciones sanas, es imprescindible saber transmitir lo que necesitas. Que, para que se conviertan en adultas proactivas, críticas, empáticas y comprometidas, es fundamental que entiendan los límites y las convenciones del mundo en que vivimos. Y que, además, sepas qué hacer para conseguirlo sin deteriorar vuestra relación hasta el punto de romperla. Espero que mis palabras te ayuden a lograr esta tarea tan importante.

Shallow

En inglés, hay un término que significa algo así como «superficie», lo poco profundo. Es una palabra que, además, dio título a una canción de Lady Gaga que me encanta: *Shallow*. Este concepto me ayudará a explicarte cómo funcionan la información y las pautas de las que te hablo en el libro, para que aproveches todo su potencial sin perder la perspectiva. Además, te permitirá conocerme un poco más.

La idea principal de lo que te voy a contar es que, en la superficie, no podemos percibir lo que existe a cierto nivel de profundidad y, sin embargo, lo que hacemos en la superficie puede afectar profundamente al desarrollo humano. El *shallow* es importante. Es como cuando tiramos una piedra al mar y sabemos que traspasará la superficie y se hundirá hasta llegar al fondo: debemos tener presente que lo que hacemos al educar tiene el mismo impacto. Aunque se produzca en el *shallow*, en esa parte exterior que parece trivial, no se queda ahí, va más allá. Así que, en primer lugar, esta palabra tan bonita nos anima a tener presente que nuestras acciones diarias respecto a las personas adolescentes de nuestra vida, aunque nos parezcan insignificantes, no lo son, y pueden dejar una honda huella en su interior.

Las conductas, los pensamientos y las opiniones que verbalizamos, los mensajes que enviamos a diario, la forma de expresar emociones (o no hacerlo), cómo dialogamos, cómo nos dirigimos a las personas que conocemos o no, cómo resolvemos los conflictos que se nos presentan..., todo tiene potencial educativo. Las personas adolescentes que nos rodean aprenden de nosotras. Nos aprenden. Sin querer, les damos muchos ejemplos de cómo ser humanas. Te animo a aprovechar todos los momentos que tienes junto a ellas, sabiendo que cada día cuentas con una nueva oportunidad de sembrar algo que traspasará el *shallow* y sentará las bases de la identidad que están construyendo.

En segundo lugar, esta palabra tan bonita me sirve para recordar la necesidad de educar con tiempo. En un mundo inundado de información rápida y encuentros fugaces, donde a menudo superficialidad se confunde con simplicidad, donde la impaciencia nos atrapa y nos empuja a conseguir resultados inmediatos, es imprescindible aclarar que la educación es artesanal.

Si me conoces —porque me sigues en las redes o has leído alguno de mis libros anteriores—, sabrás a qué me refiero, pero déjame explicártelo, por si es la primera vez que te sumerges en mis palabras. Cuando educamos, tenemos que ir más allá del *shallow*, traspasar la cubierta, trascender las soluciones rápidas que satisfacen nuestra urgencia, pero no generan aprendizajes a largo plazo.

Todo lo que comparto en este libro tiene un impacto a medio o largo plazo. No busques soluciones matemáticas a problemas humanos. No corras cuando eduques: la magia se produce en el proceso. Los cambios se generan gracias a la constancia en nuestras acciones, y, para ello, necesitamos tiempo. Si empiezas a hacer las cosas de forma distinta hoy, mañana habrás aprendido a hacerlo un poco mejor, y pasado mejor aún, y al otro, un poco mejor… Y un día lo aprenderás del todo, tanto, que ya ni recordarás que tuviste que aprenderlo.

Esta introducción es tanto una bienvenida como una invitación a que te sumerjas y vayas más allá de lo aparente, a que no desaproveches lo que puedes hacer cada día en la superficie para nutrir el fondo a largo plazo. A que no te bases en lo que parece a simple vista, porque lo interesante siempre surge cuando traspasas el *shallow*.

Lo tercero que me gustaría es proponerte que lo leas con calma, que lo saborees un poquito cada vez, que le pongas consciencia e intención. Para ello, te recomiendo que cojas una libreta. Si ya hace tiempo que me conoces o has leído alguno de mis libros anteriores, sabrás que siempre os invito a escoger un cuaderno para que os acompañe. Esto te permitirá guardarte las ideas que te gusten, anotar tus pensamientos y las pautas que quieras probar, escribir lo que sientes… Esta lectura no es un simple pasar páginas para entretenerte, sino una oportunidad para detenerte, reflexionar y sumergirte en las ideas que se entrelazan a lo largo de los capítulos.

Para bucear en ella, te invito a que dejes de lado las expectativas de un viaje lineal y rápido. Imagina que estás explorando un océano lleno de misterio y vida. Algunas secciones te llevarán a aguas tranquilas y poco profundas, en las que podrás disfrutar del *shallow*, mojarte los pies y descansar. Otras te llevarán a bucear entre arrecifes de coral llenos de color, en los que la belleza de la diversidad y la complejidad te animarán a estar muy atenta.

Ahora puede que te preguntes por qué siempre hablo en femenino. Si no me conoces, quizá te sorprenda. Lo hago porque, como educadora social, estoy implicada en la construcción de una sociedad más inclusiva. Hace tiempo que busco una manera de utilizar el lenguaje que sea lo más respetuosa posible. Años atrás llegué a la conclusión de que todas somos personas y, al ser este un sustantivo femenino, empecé a utilizarlo con ese trasfondo. Así que, cuando use el femenino, recuerda que me refiero a ti. Da igual cómo te definas: eres una persona, y eso nos une a todas.

De momento, mi búsqueda me ha llevado a usar esta opción, aunque sé que nos queda mucho por hacer para adaptar la lengua a las cambiantes necesidades sociales y comunicativas, que se transforman a la par que lo hace la sociedad. Puede que no estés de acuerdo conmigo, pero recuerda: si quieres comprender profundamente algo, no te quedes en el *shallow*.

Por si es la primera vez que me lees, hay un cuarto aspecto que es importante que conozcas. Enseguida verás que suelo utilizar la palabra «amivi». Cuando mi cuenta de Instagram empezó a crecer, yo hablaba siempre de «personas adolescentes» (aún lo hago), y una de las integrantes de la comunidad,

Cristina, me dijo que ella solía llamar «amivis» a sus mellizas (una manera de resumir «personas Adolescentes de MI VIda»). Lo compartí con quienes me seguían en aquel momento, el término caló y nos ha acompañado hasta hoy. Así que cuando leas «amivis» me estaré refiriendo a las personas adolescentes de tu vida. A todas ellas, no solo a las que tienes en casa o más cerca.

Hablo de personas adolescentes de tu vida para recoger la diversidad que forma parte de la evolución, porque todas las personas adolescentes que se relacionen con las tuyas también son tus amivis. Quiero animarte a hacer la transición desde su infancia hasta su vida adulta y que empieces a proyectar en ellas a las personas independientes y autónomas en las que se están convirtiendo. Ahora inician el proceso de construcción de su identidad, la elaboración de su proyecto de vida, y es importante que respetes el camino que empiezan a recorrer y las ayudes a seguirlo.

Para finalizar, me gustaría decir que, en vez de escribir un capítulo introductorio sobre las características de la etapa, que ya he explicado en libros anteriores y no es el objetivo de este, solo me referiré a las que tienen que ver con la comunicación y los límites, que son los temas de interés de estas páginas. Entrelazaré la información sobre la adolescencia que te permita entender mejor las pautas que comparto en cada capítulo.

Gracias por sumergirte en esta lectura más allá del *shallow*, con la mente abierta para aprender y el corazón dispuesto a sentir. Marca sus páginas, subraya las ideas que te gusten, escríbelas en tu libreta y, sobre todo, prueba las pautas que te propongo. He estructurado el libro en partes para que entiendas su contenido, y el índice te muestra lo que encontrarás en cada capítulo para que no te pierdas en este mar de información.

En la primera parte, expondré por qué a las personas adolescentes les cuesta entender los límites. Te hablaré de la importancia de establecerlos, de qué pasa si no lo haces y qué puede provocar que te cueste marcarlos. En la segunda, repasaré una serie de conceptos y te explicaré qué necesitas tener claro antes de empezar a seguir las pautas para comunicar límites. Te mostraré la utilidad de conocer los tuyos y de saber cuándo ponerlos. He dedicado la tercera parte a exponer las directrices para comunicar límites sin volverte autoritaria. Te enseñaré las pautas más eficaces para que las personas adolescentes los entiendan y cómo seguirlas de forma sencilla. En la cuarta parte, la última, te explicaré cómo usar estos patrones en el día a día adolescente, en situaciones cotidianas, a través de ejemplos y casos prácticos.

Encontrarás las ideas principales de cada parte al final de cada una de ellas para ayudarte a recordar lo más importante y a localizarlo con rapidez. Durante la lectura, verás que utilizo algunas expresiones relacionadas con el mar. Esto lo hago porque, en todos mis libros, hay un hilo conductor que me ayuda a transmitir la información de manera más didáctica y, en este caso, he escogido el mar porque me encanta y me ofrece la libertad que, precisa y paradójicamente, nos dan los límites cuando los entendemos y sabemos comunicarlos.

La primera vez que leas el libro, hazlo en orden y, cuando lo acabes, vuelve a las partes que más te gusten. En ese momento, ve a los resúmenes, pues eso te ayudará a fijar los conocimientos de forma progresiva. En todos mis libros de no ficción intento ser lo más didáctica posible, así que me centro en transmitir pautas sencillas que puedas poner en práctica a diario.

Con mi trabajo —libros, publicaciones redes sociales, conferencias...—, pretendo ayudar a todas las personas que quieren acompañar a sus amivis para que se conviertan en adultas proactivas, responsables, comprometidas, resolutivas y empáticas, y que alcancen una vida adulta lo más agradable posible a pesar de los sinsabores que experimenten. Espero que mi cuarto libro te permita entender una de las misiones más importantes que tenemos como adultas acompañantes: ayudarlas a conocer los límites y a comunicar sus necesidades para que se protejan, respeten a las personas con las que interaccionan, entiendan el mundo y tengan mejores relaciones. Bienvenida a la travesía. ¡Zarpamos!

PRIMERA PARTE

El barco

La estructura da seguridad, y la seguridad facilita la autonomía

Te explicaré por qué a las personas adolescentes les cuesta entender los límites; te hablaré de la importancia de establecerlos, qué puede pasar si no lo haces y qué te impide marcarlos

1

Lo que pasa si tu casa no es su casa

¿Qué implicaciones tiene decir «Mientras vivas bajo mi techo, cumplirás mis normas» y otras frases por el estilo? Cuando nos expresamos así, pretendemos que cause un efecto. Por lo general, esperamos que mejoren el compromiso y el cumplimiento de las normas de convivencia. Buscamos respeto. Pero ¿obtenemos estos resultados al mandarles este mensaje? En el capítulo que nos ocupa verás cómo este tipo de afirmaciones influyen en las relaciones familiares y el desarrollo de una persona adolescente.

En primer lugar, estas expresiones establecen una dinámica de poder en la que nos posicionamos como la autoridad máxima desde la mirada adulta. Una persona adolescente las percibe como un intento de control, por lo que se resiste y se pone a la defensiva de una manera que puede llegar a ser provocadora. Aumentan las mentiras y la necesidad de ocultar lo que hace y con quién. La imposición directa de normas sin espacio para el diálogo genera distancia y deteriora la comunicación. Nuestras amivis pueden sentir que no las entendemos o que no tenemos en cuenta sus necesidades.

Segundo, con este tipo de expresiones sembramos la idea de que el amor, el apoyo y el sustento están condicionados por el cumplimiento de normas, es decir, por la obediencia. Esto puede provocar que no se sientan seguras sobre el lugar que ocupan en la familia, que crean que no pueden contar con nosotras y que duden del amor que les tenemos: «Si no soy/hago lo que me dicen, ¿no me querrán/ayudarán?». Y no importa que les digamos que lo hacemos por su bien y que las queremos: «Te obligo a hacer esto porque te quiero» tampoco sería el mensaje más educativo si queremos que desarrollen el pensamiento crítico. Si el apoyo/amor que recibo de mi familia viene condicionado por mi capacidad para cumplir unas normas que no entiendo o no comparto, ¿qué pasa si no soy capaz de hacerlo?

Con esto pasamos a la tercera idea importante para entender la necesidad de evitar esta aproximación cuando acompañamos a adolescentes. Es vital tener presente que dos de las tareas evolutivas de la adolescencia son el desarrollo de la autonomía y la construcción de la identidad. Es decir, en esta etapa, nuestras amivis tienen que aprender a ser más independientes y a descubrir quiénes son. Empiezan a querer tomar sus propias decisiones o pasan mucho tiempo pensando en sus gustos, su estilo o sus amistades.

Si no promovemos que la familia y el hogar sean entornos seguros en los que se sientan cómodas para participar, opinar, aportar, probar, equivocarse, etc., dificultamos su proceso de individualización, restringimos su capacidad para tomar decisiones y no se comprometen con su identidad. Si no les permitimos explorar, expresarse y participar en la creación de normas, o no fomentamos que entiendan su propósito, perdemos oportunidades para que desarrollen su personalidad, construyan su identidad, aprendan a responsabilizarse, tomen mejores decisiones y entiendan las consecuencias de sus actos. Si siempre les decimos lo que tienen que hacer y cómo hacerlo, no facilitamos que vivan sus propias experiencias, las elaboren y aprendan de ellas.

Por todo lo anterior, uno de los objetivos para ayudar a que entiendan los límites de las demás personas y puedan comunicar los suyos de forma adecuada será evitar estas tres prácticas. La primera: que nos perciban como el poder supremo, como la autoridad máxima que no escucha y se limita a dictar sentencias. La segunda: que relacionen cumplir o incumplir las normas con el amor que les tenemos. La tercera, que no participen en las decisiones que se toman en casa. La frase «Mientras vivas bajo mi techo, cumplirás mis normas» reúne estos tres errores: «Tú no tienes poder de decisión aquí porque esta es mi casa. No tienes un techo asegurado porque esta es mi casa. No me importa tu opinión porque solo cuenta la mía, ya que esta es mi casa». Las ideas que se graban en la mente adolescente a partir de esta frase son: «Tu casa no es mi casa», «Esta no es mi casa», «En tu casa, no me puedo expresar, no me sentiré bien y, por lo tanto, quiero estar fuera de ella».

Que una persona adolescente no se sienta en su casa cuando está en el domicilio familiar entraña muchos riesgos, tanto sociales como emocionales. Buceemos en los detalles para ver la importancia de estar a su lado de una manera prudente e informada. No sentirse parte de la familia puede impactar en su autoestima de forma negativa, reducir su bienestar emocional y afectar gravemente a su desarrollo. Además, puede disminuir su capacidad de regular emociones, aumentar el estrés y provocar ansiedad. Respira hondo, porque lo que viene ahora no es muy agradable, pero es necesario para que, cuando sigas las pautas que voy a ofrecerte, lo hagas teniendo clara tu motivación y el objetivo de estas.

Ya sabemos que, en las familias que promueven modelos de regulación emocional saludables, fomentan la autonomía y ofrecen apoyo cuando es necesario, las personas adolescentes aumentan su resiliencia y desarrollan habilidades importantes para afrontar lo que va aconteciendo en su vida. Cuando las personas adultas regulan sus emociones de manera tranquila, muestran cómo lidiar con el estrés o la frustración sin perder los nervios y dan espacio para sentir y entender las emociones, siembran un ejemplo para que sus amivis también lo hagan. Por el contrario, en un entorno de crítica constante que menosprecia o ignora sus estados emocionales y sus experiencias, pueden sentirse solas y desconectadas. La confianza en ellas mismas disminuye si no se identifican como parte de la familia, y esto puede impulsar conductas de riesgo en busca de la aceptación y el sentido de pertenencia que no encuentran en casa.

Sentirse fuera de la familia puede llevarlas a experimentar un malestar emocional que les impida concentrarse en los estudios, reduzca su motivación y provoque una caída de su rendimiento académico. Por poner un ejemplo común, una persona adolescente que se siente desconectada de la familia puede desarrollar ansiedad, lo que le impide enfocarse en las clases o en sus tareas. Las relaciones fuera de casa también se vuelven complicadas cuando no logran establecer conexiones significativas con su familia. Todo esto puede derivar en síntomas de depresión, como aislamiento social o falta de interés por actividades que antes disfrutaban. Los conflictos constantes en el hogar pueden provocar trastornos relacionados con la rabia, la ansiedad o el estrés, y generar tensión en todas sus relaciones.

En situaciones extremas, la falta de apoyo familiar puede ser tan devastadora que, sumada a otros factores, es capaz de hacer que nuestras amivis desarrollen conductas autodestructivas o trastornos de la alimentación. En la desesperada búsqueda de encontrar un lugar donde sentirse aceptadas, algunas personas adolescentes pueden llegar a huir de casa y exponerse a situaciones arriesgadas en su intento de escapar del malestar emocional.

Es fácil que, en esta etapa —en la que, como parte de su desarrollo, necesitan sentirse capaces de hacer las cosas por ellas mismas y tomar sus propias decisiones—, las normas familiares impuestas opriman sus deseos y elecciones. Todo esto les genera presión por cumplir unas expectativas que no entienden y, a la vez, resentimiento si perciben que se ejerce un control excesivo o que se las trata de forma injusta. Si somos demasiado autoritarias, estrictas y rígidas, se intensifica su deseo de independizarse y vivir por su cuenta.

Se genera en su interior un dilema entre su necesidad de autonomía y el amor que sienten por la familia, que insiste en establecer unas normas que no comprenden ni comparten.

¿Recuerdas a Lola y Emma? Te cuento cómo acabó. En su caso, la imposición de reglas sin margen para el diálogo aumentó la tensión y los conflictos entre ellas. Provocó disputas frecuentes, y Emma acabó alejándose emocionalmente de Lola. La chica pensaba que su madre no valoraba sus opiniones y sentimientos. No se sentía en su casa porque Lola se lo recordaba cada dos por tres, y la popular frase «Mientras vivas bajo mi techo» acabó de cerrar las puertas al diálogo entre ellas.

A partir de entonces, dejaron de conversar. Emma perdió la confianza en su madre y empezó a esconder aspectos de su vida para eludir su control y sus restricciones. Lola cada vez se sentía más perdida: acabó convirtiendo su rabia en frustración y esta, en resignación. No pudo compartir con su hija una de las etapas más importantes de su vida. No estuvo cuando tuvo sus primeras relaciones sexuales. No estuvo cuando le partieron el corazón por primera vez. No estuvo cuando sus amigas la excluyeron del grupo y se quedó sola. No estuvo cuando su primer jefe la acosó… No pudo acompañar a su hija para que tomase mejores decisiones durante la adolescencia ni para ayudarla a entender lo que sentía. No pudo ayudarla a aprender de sus experiencias.

Con el tiempo, Lola se convenció de que había algo en su hija que no estaba bien y de que ella no había podido ayudarla. Emma cursó un ciclo formativo de grado medio y se puso a trabajar mientras estudiaba. Los fines de semana, si no le tocaba turno, los pasaba fuera de casa. Cuando le faltaban dos meses para cumplir los dieciocho, se fue a vivir a casa de la familia de su pareja, un chico un poco mayor que ella al que había conocido meses antes, con el que se fumó su primer porro, el primero de muchos.

Con los años, retomó la relación con su madre, aunque sus encuentros solían ser distantes, superficiales y, en muchos casos, llenos de reproches por ambas partes. La historia de Lola y Emma es una de las muchas que he conocido durante mi trayectoria profesional.

Es crucial alcanzar la máxima armonía posible entre establecer límites y normas y fomentar la autonomía. En esta etapa, dejar claros los límites no es fácil, pero espero que mis palabras te animen y que las pautas que comparto te ayuden a hacerlo para evitar que se repitan historias como la de Emma y Lola. La clave, como verás, está en cómo establecer los límites, lo que está más relacionado con la comunicación que con el poder.

Las necesidades de pertenencia y aceptación son muy poderosas durante la adolescencia, y las consecuencias de no cubrirlas son preocupantes. Sin el apoyo adulto, nuestras amivis son más susceptibles que nunca de tomar decisiones arriesgadas, caer bajo la influencia de grupos de riesgo, establecer relaciones con personas malintencionadas o construir su identidad de forma poco saludable, entre otras. Por todo eso es imprescindible que nuestra casa sea también su casa. Que nuestro techo sea también el suyo. Y que les quede muy claro. Si no lo sienten así, ya podemos izar las velas, porque el malestar está servido, y las posibilidades de irnos a pique son mayores.

2

Qué son los límites y para qué sirven

Los límites son los criterios que nos ayudan a establecer lo que es aceptable o inaceptable en el comportamiento de las personas en relación con las demás. Son necesarios en las interacciones personales, profesionales, familiares y sociales, esenciales para la convivencia, y nos ayudan a proteger el bienestar físico, emocional y mental. Además, contribuyen a que las relaciones sean saludables y respetuosas. Nos ayudan a cuidarnos a nosotras, a quienes nos rodean y al mundo en que vivimos.

La protección personal es una de las funciones más importantes de los límites: evitan que nos manipulen otras personas y facilitan que nos sintamos seguras y respetadas en las relaciones. Son cuestión de autocuidado y convivencia, y nos permiten estar cómodas y seguras en las interacciones sociales. Me gusta pensar que poner límites es un acto de amor, amor propio y amor hacia el resto de las personas que están en nuestra vida. Aunque, recuerda, no se trata de vincular el respeto por los límites con el amor que nos tenemos. Es decir, no te querré menos si los traspasas, pero habrá unas consecuencias, y tendremos que hablar del tema porque te quiero y deseo que nuestra relación siga adelante.

Por otra parte, establecer límites requiere que las personas se conozcan y se respeten a sí mismas y a las demás. Esto incluye entender qué pueden tolerar tanto ellas como aquellas con las que se relacionan, qué necesitan a nivel emocional y físico, y cómo desean ser tratadas. Y eso requiere de una consciencia sobre las relaciones y sobre nosotras que nos empuja a poner una intención en cómo nos hablamos y hablamos a las demás. Y ahí está la clave: en ser conscientes y poner intención.

Una parte crucial de los límites es aprender a expresarlos. Por eso en este libro hablaré de establecerlos en clave de comunicación. Para aumentar nuestro bienestar y el de las personas que nos rodean, es esencial transmitir claramente qué conductas son aceptables para nosotras desde el lugar en que estamos y cuáles no lo son. Esto reduce malentendidos y los conflictos en las relaciones. Gracias a la capacidad de hacerlo, garantizamos que ninguna de las personas que conviven en esa relación se siente sobrecargada o despreciada.

Los límites son fundamentales para mantener relaciones saludables y lo más armoniosas posible, y nos permiten controlar la vida y las decisiones. Nos ayudan a gestionar mejor el tiempo, la energía y los recursos emocionales. Cuando tenemos claros los límites, se establecen las expectativas apropiadas sobre cómo una persona espera ser atendida en diversas circunstancias para evitar decepciones, de modo que son tan importantes para el autocuidado y la supervivencia como para cultivar y mantener relaciones sanas y satisfactorias con las personas que nos rodean.

Los límites son las necesidades que tenemos para mantener la convivencia en buen estado, para que compartir espacios sea lo más agradable posible. Por lo tanto, eliminemos la idea de que están relacionados con el poder. Comunicar límites no tiene que ver con imponer nuestras opiniones y deseos sobre las opiniones y deseos de las demás personas, ni con conseguir que nuestras amivis hagan «lo que deben» o nos obedezcan. Dejar claro dónde están los límites no es obligar a las personas con las que nos relacionamos a que cumplan nuestras órdenes; es informar de necesidades, evidenciar consecuencias y, si es necesario, emprender acciones restaurativas.

Y todo esto es lo que tenemos que transmitir diariamente a nuestras amivis en una etapa de su desarrollo en la que los límites no se comprenden. Las personas adolescentes tienen dificultades para aplicarse las normas y aún no entienden las consecuencias emocionales de sus actos. Esto sucede porque su córtex prefrontal, básico para el control de los impulsos y la toma de decisiones, está en un momento muy complejo del desarrollo, lo que suele causar comportamientos impulsivos y dificultades para anticipar las consecuencias a largo plazo.

Además, los cambios en el sistema de recompensa del cerebro intensifican la búsqueda de sensaciones nuevas y gratificantes, lo que se acentúa por la influencia de la presión social y la necesidad de aceptación por parte de sus iguales. Estos factores biológicos y sociales, combinados con el proceso natural de construcción de la identidad y las fluctuaciones emocionales típicas de esta etapa, hacen que nuestras amivis desafíen los límites establecidos. El riesgo las atrae, y aún no entienden sus consecuencias. Te explico todo esto con detalle en mis libros anteriores, pero es imprescindible que lo tengas en cuenta porque el hecho de que las amivis cuestionen los límites no significa que te cuestionen a ti. Tiene que ver con mandatos biológicos naturales para el desarrollo humano y, por lo tanto, no es personal, es cerebral. Este mantra te será de gran ayuda para mantener la calma en momentos de crisis. Tenlo presente cuando sus conductas te desorienten: no es personal, es cerebral.

A veces se confunde comunicar límites en la adolescencia con imponer restricciones constantes o dar órdenes. Comunicamos límites para proteger el bienestar mutuo y mantener relaciones saludables. El propósito es promover el respeto y garantizar que las interacciones sean apropiadas y constructivas. Los límites pueden acordarse y revisarse para que se adapten según la situación o relación.

En cambio, las restricciones y órdenes son reglas o directrices unidireccionales impuestas para restringir o controlar el comportamiento. En algunos momentos, serán útiles para proteger su seguridad, y por eso también las abordaré en este libro. El principal objetivo de las restricciones es prevenir comportamientos indeseados o peligrosos y mantener el orden y la seguridad. Sin embargo, no hablaré de órdenes, porque su principal objetivo es generar obediencia, y esto atenta contra el pensamiento crítico.

Tanto las restricciones como las órdenes las impone una entidad «superior» y, si se incumplen, suelen tener sanciones asociadas. Por lo general son fijas, no negociables, y se usan para garantizar ciertos objetivos o hacer previsible la conducta humana. Tienen que ver con el poder, por eso no es algo que debamos practicar durante la adolescencia si queremos educar a personas empáticas, proactivas y que piensen de forma crítica. Aunque, como decía, en ocasiones nos encontraremos con restricciones necesarias, pero hablaremos de ello más adelante.

En este libro aprenderás estrategias para comunicar límites desde una perspectiva respetuosa con el desarrollo. Hablaré también de algunas restricciones impuestas por organizaciones que se ocupan de mantener el orden social y de otras que nos permiten protegerlas en momentos de riesgo. Pero, sobre todo, te mostraré las necesidades personales y sociales, y cómo transmitirlas para ayudarlas a entender los límites sin obstaculizar las tareas evolutivas de esta etapa. Así que vamos a mantener el rumbo en la dirección que nos ayude a construir una sociedad que dialogue para resolver sus diferencias, mantener relaciones saludables y coexistir en la máxima armonía posible.

3

¿Son lo mismo los límites y las normas?

Antes de hablar de los distintos tipos de límites que podemos encontrar, empezaremos por diferenciarlos de las normas, dos conceptos con distintas funciones en la estructura social y personal. Podríamos decir que las normas son un tipo de límites, pero, como tienen características diferenciales, en el libro distinguiremos entre estos dos términos.

Las normas son reglas establecidas o expectativas que dictan cómo se debe comportar una persona en una sociedad o en un grupo. Pueden estar escritas, como las leyes de un país o el reglamento de un instituto, es decir, no las decidimos nosotras ni podemos acordarlas porque de ello se ocupa un organismo específico. Pero también pueden ser no escritas, como los códigos de vestimenta o las expectativas de comportamiento en una boda, por ejemplo. Estas últimas se han ido estableciendo y perpetuando a través de la historia, indican cuál es el comportamiento adecuado y suelen ser aceptadas por la comunidad, aunque, con el tiempo, pueden transformarse.

Los límites, sin embargo, tienen una connotación más personal. Los entendemos como parámetros particulares que establecemos de forma individual o grupal para proteger nuestro bienestar y definir nuestro espacio. Suelen orientarnos para entender lo que estamos dispuestas a tolerar en una relación o hasta dónde queremos involucrarnos en ciertas actividades o con determinadas personas. Por ejemplo, alguien puede establecer un límite personal al decidir que no participará en las redes sociales para preservar su salud mental, o determinar que no responderá a mensajes después de cierta hora para mantener su equilibrio mental. Otro ejemplo: una familia puede decidir que no asistirá a la boda de una prima lejana porque siente que la distancia es demasiado grande, tanto geográfica como emocionalmente, y prefiere reservar sus recursos y su tiempo para eventos que considere significativos para el núcleo familiar.

Tendremos que acompañar a las personas adolescentes de nuestra vida para que entiendan tanto las normas como los límites. Es útil diferenciar entre límites negociables y los que no lo son, así como dejar claras las normas de los lugares a los que vamos o que rigen un determinado espacio de relación. Los límites y las normas no negociables pueden incluir aspectos fundamentales como el respeto a las leyes y la salud personal y hacia las demás personas. Son esenciales para garantizar la seguridad y el bienestar personal y colectivo.

Los límites y las normas negociables ofrecen a nuestras amivis la oportunidad de disfrutar de cierta autonomía y participar en la toma de decisiones dentro de un marco seguro, lo que es maravilloso para el desarrollo de la autonomía. Estos pueden incluir horarios de vuelta a casa, utilización de la tecnología, elección de actividades sociales y familiares, asunción de responsabilidades domésticas, uso de espacios comunes en casa... Una de nuestras tareas será ajustar estos límites y estas normas a medida que nuestras amivis vayan aumentando su capacidad para responsabilizarse. Y no será fácil, pero recuerda que, como reza el dicho: «Mar en calma no hace buen marinero».

4

Tipos de límites y normas

Las características concretas de los límites y las normas que se establecen tienen mucho que ver con los valores, las creencias, las experiencias, las expectativas y los rasgos personales y sociales, y pueden variar según quiénes seamos y dónde nos encontremos, aunque podemos englobarlos en unas categorías concretas. Es importante que conozcamos estas características para transmitirlas a nuestras amivis como parte del proceso de entenderlas.

En la sociedad, encontramos una variedad de normas que nos ayudan a regular nuestras interacciones y conductas, y que son esenciales para mantener el orden y promover un funcionamiento social lo más armonioso posible. Las **normas jurídicas**, por ejemplo, son leyes establecidas por una autoridad gubernamental, obligatorias y escritas, que regulan la conducta ciudadana de manera formal. Aunque no nos gusten, no podemos incumplirlas porque las consecuencias pueden ser graves. Las leyes de tráfico son un claro ejemplo de este tipo de normas. Incluyen límites de velocidad, señales de tráfico y regulaciones sobre el uso del cinturón de seguridad que son obligatorias, y su incumplimiento puede resultar en multas e incluso penas de cárcel, según la gravedad de la infracción.

Las **normas morales** se basan en principios éticos. No están escritas, pero se transmiten culturalmente, y su incumplimiento conlleva la desaprobación social más que sanciones legales. En muchas culturas, por ejemplo, el respeto hacia las personas mayores es una norma moral; no hacerlo no conlleva sanciones legales, pero puede comportar la desaprobación social o crear una sensación de culpa interna si formamos parte de esa cultura.

Las **normas sociales** dictan cómo deben comportarse las personas que forman una sociedad en diferentes situaciones y, aunque son menos formales, incumplirlas puede provocar la crítica social. En muchas sociedades, es una norma social dar la mano o hacer una reverencia al saludar. Ignorar estas costumbres no conlleva sanciones formales, pero sí que se nos perciba de manera negativa o se nos critique.

Las **normas relacionadas con la fe** orientan el comportamiento en las comunidades espirituales. En el contexto de algunos colectivos religiosos, por ejemplo, celebrar días santos concretos es una norma común. No tenerlos en cuenta carece de consecuencias legales, pero podría llevar a sanciones dentro de la comunidad, como la exclusión de actividades comunitarias, por ejemplo.

Las **normas de etiqueta** indican cómo interactuar con cortesía, e influyen en cómo se percibe públicamente a una persona. En un entorno empresarial, por ejemplo, vestir de manera profesional es una norma de etiqueta. Llevar ropa inapropiada puede no ser ilegal, pero quizá influya en cómo nos perciben las personas con las que compartimos entorno laboral y las que están por encima en la jerarquía de la empresa. Esto puede hacer que no se nos tenga en cuenta para ciertos puestos o que se nos excluya de algunos eventos, por no hablar de la crítica del resto de las colegas.

Por último, las **normas profesionales** establecen estándares de conducta en el marco de ciertas profesiones. En la medicina, por ejemplo, se espera que las profesionales mantengan la confidencialidad de las pacientes. Infringir estas normas puede provocar sanciones profesionales o legales, como la pérdida de la licencia médica. Conocer los tipos de normas que encontramos a nuestro alrededor y para qué se establecen es imprescindible para comunicárselas con claridad a nuestras amivis.

Pasa lo mismo con los tipos de límites, que abarcan distintas áreas de la vida. Los **límites físicos** tienen que ver con el respeto por el espacio personal y la privacidad. Cerrar la puerta del baño al usarlo o llamar y esperar a que te den permiso antes de entrar en una habitación son ejemplos de límites que respetan la privacidad.

Los **límites sexuales** ponen el acento en el respeto y la importancia del consentimiento y el deseo mutuo al practicar relaciones íntimas. Un ejemplo de cómo proteger estos límites sería buscar la conformidad en todas ellas, el deseo de las partes, que todas estén de acuerdo y cómodas con cualquier avance que se realice en el plano físico.

Los **límites emocionales** promueven el reconocimiento y el respeto por los sentimientos propios y ajenos. Incluyen respetar a las personas que nos rodean si se sienten incómodas con cómo alguien les habla o actúa respecto a ellas, cuando se enfadan ante una injusticia, cuando están tristes porque han experimentado una pérdida... Si hablamos de límites emocionales, nos referimos a responsabilidad afectiva, es decir, al compromiso y la conciencia que tiene una persona respecto a cómo sus actos y palabras afectan emocionalmente al resto en sus relaciones interpersonales. Ser responsable a nivel afectivo implica actuar con empatía, honestidad y consideración. Supone no causar daño emocional a otras personas y asegurarse de que la comunicación es clara y respetuosa. Somos responsables del estado emocional de las personas con las que nos relacionamos.

Los **límites intelectuales** fomentan el respeto por las ideas y el pensamiento crítico. Respetar el derecho a debatir y explorar diferentes opiniones es un ejemplo de estos límites. Aceptar que podemos estar en desacuerdo y, a pesar de ello, mantener el respeto por las opiniones de las demás sería una muestra de acatamiento de estos límites.

Los **límites materiales** gestionan el uso de bienes y recursos. Un ejemplo serían las reglas sobre la utilización compartida de dispositivos electrónicos en casa, como acotar el uso del ordenador familiar a fines académicos durante las horas de estudio o esperar a que alguien acabe de ver su programa en la tele para cambiar de canal.

Los **límites de tipo temporal** nos ayudan a desarrollar una buena gestión del tiempo. Un ejemplo sería definir un horario durante el que nuestras amivis deberían dejar de usar la tecnología para respetar las horas de sueño y garantizar el descanso suficiente.

Por último, los **límites conductuales** se refieren a las expectativas que tenemos sobre comportamientos específicos tanto en casa como en la sociedad. Una muestra sería establecer expectativas claras sobre cómo deben comportarse en la mesa, lo que podría incluir no usar el móvil durante las comidas, por ejemplo.

Los límites y las normas se interrelacionan e influyen mutuamente, y juegan un papel importante en nuestro comportamiento y en cómo nos relacionamos entre nosotras y en diversos contextos sociales y culturales. Establecer límites no solo protege a nuestras amivis, sino que les proporciona un marco claro en el que moverse y explorar, sabiendo qué se espera de ellas y conociendo las consecuencias de sus acciones.

Las normas ayudan a mantener el orden y prever el comportamiento en diversos contextos, y los límites permiten proteger la integridad personal y gestionar las interacciones de manera saludable. A final, tanto unas como otros nos enseñan a vivir en sociedad de la mejor forma posible para todas. En este libro hablaré indistintamente de límites y normas. Echémonos a la mar del día a día adolescente teniendo claras las funciones de los límites y las normas en nuestra vida, para transmitírselas con seguridad a las personas adolescentes que nos rodean.

5

Por qué te cuesta poner límites

En esta etapa, a muchas personas adultas les cuesta transmitir límites sin ser autoritarias o castigar. Otras no saben mantenerse firmes al hacerlo. Las hay que no tienen ni idea de por dónde empezar para comunicar las necesidades que deben protegerse y respetarse, ni cómo hacerlo. Incluso algunas se pasan el día dando órdenes y sintiéndose frustradas porque sus amivis no las cumplen. Debemos averiguar cuáles son nuestras características para entender las limitaciones que tenemos al respecto. Mejorarlas nos será muy útil para ayudar a las personas adolescentes de nuestra vida a entender los límites sin obstaculizar las tareas evolutivas de la adolescencia.

Si ya has leído alguno de mis libros, sabrás que siempre reservo un capítulo para reflexionar sobre nuestras competencias personales como adultas que acompañamos. Cuando educamos, es esencial revisar nuestras características. Si consideras que no estás preparada para averiguar qué puede estar impidiendo que comuniques límites o no te apetece plantearte preguntas sobre tu pasado y tu presente, sáltate este capítulo. Te recomiendo que no lo hagas, pero si lo prefieres, siéntete libre y pasa al siguiente. Aprovecharás el libro igual. Si te quedas, ten cerca tu cuaderno, por si lo necesitas.

Comunicar límites a las personas adolescentes que nos rodean puede resultar complicado por diversos motivos. Te animo a que anotes aquellos en los que te reconoces para tenerlos identificados. Detectar tu dificultad te facilitará trabajar en ella para mejorarla. ¿Estás preparada? Si no quieres abrir este melón, es la última oportunidad para saltarte el capítulo. A partir de ahora, reflexionarás y te plantearás algunas preguntas. ¡Al abordaje!

A menudo, podemos sentirnos inseguras sobre nuestra autoridad, entendiéndola como la capacidad de gestionar diversas situaciones con firmeza gracias a nuestras habilidades. Quizá nos cueste discernir si estamos siendo autoritarias o permisivas, sobre todo si, durante la infancia y adolescencia, no se nos educó en la comprensión de los límites (fueron muy estrictas o demasiado flexibles con nosotras). En consecuencia, podemos oscilar entre ser indulgentes y rígidas, es decir, combinar estilos educativos opuestos en el día a día. A la hora de entender los límites, esto puede generar mucha confusión a las personas adolescentes que nos rodean y están aprendiendo de nosotras.

Para tener presentes los estilos educativos que nos encontramos, te recuerdo que varían de forma significativa en su enfoque y sus resultados sobre el desarrollo de nuestras amivis. El **estilo autoritario** se caracteriza por reglas estrictas y expectativas altas con poca flexibilidad, y se espera obediencia sin discusión, lo que puede afectar a su autoestima y sus habilidades sociales. El **estilo permisivo o indulgente** ofrece mucha libertad con pocos límites, lo que es capaz de fomentar la creatividad, pero a menudo resulta en falta de disciplina y dificultades con la autorregulación emocional.

El **estilo negligente**, marcado por una falta de presencia y atención, puede causar problemas significativos de comportamiento y autoestima, ya que no se acompañan las emociones ni se ofrece la estructura necesaria.

Por el contrario, el **estilo autoritativo o democrático**, reconocido como el más beneficioso, combina la estructura y las altas expectativas con el apoyo emocional y el diálogo. Se marcan límites claros y son exigentes, pero hay receptividad hacia las necesidades personales.

Este último estilo es el más recomendable porque fomenta la autonomía dentro de un marco de acompañamiento que promueve el desarrollo de personas resilientes, seguras y socialmente competentes, capaces de enfrentarse a los retos de la vida con confianza y capacidad resolutiva. El estilo autoritativo destaca por su capacidad para conseguir la armonía en el desarrollo emocional, social y académico. Ahora piensa: ¿cuál es tu estilo? ¿Cuál era el de tu familia? ¿Cuál es el de tu pareja, si la tienes? ¿Cómo crees que han afectado esos estilos al tuyo? ¿Cómo crees que están influyendo en tus amivis?

Siguiendo con las dificultades para comunicar límites, podemos encontrar a personas que temen que la relación con sus amivis se deteriore si lo hacen. Este temor a los conflictos o al resentimiento puede hacer que vacilemos al dejar claras nuestras necesidades o expectativas, o bien al recordar las normas. Además, no todas hemos desarrollado las habilidades comunicativas que nos permiten adaptar nuestro mensaje a la madurez emocional y cognitiva de las personas adolescentes de nuestra vida, lo que es clave para marcar los límites tal como necesitan en este momento. No todas contamos con habilidades asertivas para expresarnos delante de las demás.

El miedo a la posible reacción de nuestras amivis ante los límites también puede frenarnos y hacer que los mensajes que les enviemos sean ambiguos. Quizá incluso pensemos que, si nos mantenemos firmes, se irán. A veces nos amenazan con ello, como en el caso de Emma. Y en ocasiones lo cumplen, pero, sin medios para subsistir, hay una alta probabilidad de que vuelvan, como también pasó con nuestra amiga. Es algo que he visto muchas veces. Se van, pero vuelven pronto. No obstante, nuestro miedo se nutre de esa ínfima probabilidad de que se marchen y no vuelvan jamás.

También podemos sentir culpabilidad si persistimos y nos plantamos con firmeza ante ellas. Quizá pensemos que estamos siendo demasiado duras y que no merecen sentir la frustración que provocan los límites. A lo mejor nos hemos sentido mal cuando nos han puesto límites y no queremos que ellas se vean en la misma situación ni que nos vean como malas personas, bordes o lo que a veces nos dicen cuando somos firmes: «amargadas».

En ocasiones, podemos tener dificultades para gestionar los escenarios que se derivan de sus reacciones emocionales cuando comunicamos límites o los conflictos que pueden surgir al establecerlos. No los dejamos claros para eludir confrontaciones potenciales, en especial si no nos sentimos cómodas o capacitadas para sostener la intensidad emocional que puede originarse.

Las experiencias que tuvimos en la infancia y adolescencia pueden influir en cómo percibimos y expresamos los límites en la actualidad. Si no tuvimos modelos efectivos, quizá carezcamos de un marco de referencia claro sobre cómo proceder, lo que puede llevarnos a una falta de coherencia al marcar límites.

Si no los ponemos o somos demasiado estrictas y los marcamos para todo y sin medida, las consecuencias pueden ser muy inconvenientes en su vida adulta. Entre otras cosas, pueden desarrollar dificultades para decir que no o, por el contrario, negarse a todo; dar demasiado y olvidarse de sus necesidades; tener dificultades para compartir, centrarse solo en lo que necesitan y buscar exclusivamente su satisfacción; meterse en relaciones poco saludables; desconectar de sus propias emociones y de las de las demás; exigirse y exigir demasiado... Hay mucho en juego, así que recuerda: los límites son amor, pero no te amo porque respetas los límites.

Y ahora pregúntate: ¿te cuesta comunicar límites sin ser autoritaria o castigar? ¿La inseguridad sobre tu autoridad influye en tu capacidad de transmitir límites? ¿Crees que lo que viviste en la infancia y adolescencia en relación con los límites tiene algo que ver con tu forma de comunicarlos hoy? ¿Tienes miedo a que se deteriore la relación con tus amivis?

¿Cuentas con suficientes habilidades comunicativas y eres capaz de adaptarlas a la madurez de las personas adolescentes de tu vida cuando transmites límites? ¿Te asustan las reacciones de tus amivis ante ellos? ¿Temes que te perciban negativamente si los estableces con firmeza? ¿Vacilas al dejar claras las necesidades o recordar las normas? Echa el ancla un momento y piensa en ello.

Hazte todas las preguntas que necesites para analizar tu relación con los límites desde tu infancia, durante la adolescencia y en la vida adulta. Estas cuestiones te permitirán entender desde dónde los comunicas hoy y detectar por qué te cuesta hacerlo sin sentirte mal o castigar cada dos por tres. Así mejorarás tus limitaciones, si quieres. Cuando vas más allá del *shallow*, tienes la capacidad de generar cambios significativos.

Gracias por traspasar la superficie y leer el capítulo completo. Agarra bien el timón: vamos viento en popa y a toda vela hacia nuestro objetivo.

LOS AMARRES

Ideas principales

- ✓ Los límites son los criterios que nos ayudan a establecer lo aceptable o inaceptable en el comportamiento de las personas en relación con las demás. Son necesarios en las interacciones personales, profesionales, familiares y sociales; esenciales para la convivencia, y nos ayudan a proteger el bienestar físico, emocional y mental.
- ✓ No están relacionados con el poder, con imponer opiniones y deseos sobre los de las demás personas.
- ✓ Comunicarlos es informar de necesidades, evidenciar consecuencias y, si es necesario, emprender acciones restaurativas.
- ✓ Cuando los comunicamos en la adolescencia, intentamos evitar que nos perciban como el poder supremo, como la autoridad máxima que no escucha y se limita a dictar sentencias.
- ✓ Procuraremos evitar que relacionen cumplir o incumplir normas con el amor que les tenemos.
- ✓ Intentaremos que participen en las decisiones que se toman en casa.
- ✓ El objetivo es alcanzar la máxima armonía posible entre establecer límites y normas y fomentar la autonomía.
- ✓ Límites y normas no son sinónimos.
- ✓ Las normas ayudan a mantener el orden y prever el comportamiento en diversos contextos.
- ✓ Los límites nos permiten proteger la integridad personal y gestionar las interacciones de manera saludable.

- ✓ Las normas, que son una forma de límites, son reglas establecidas o expectativas que dictan cómo se debe comportar una persona en una sociedad o en un grupo. Pueden estar escritas o no.
- ✓ Los límites tienen una connotación más personal. Los entendemos como parámetros particulares que establecemos de modo individual o grupal para proteger nuestro bienestar y definir nuestro espacio. Suelen orientarnos para entender lo que estamos dispuestas a tolerar en una relación o hasta dónde queremos involucrarnos en ciertas actividades o con determinadas personas.
- ✓ Los límites y las normas se interrelacionan e influyen mutuamente, y juegan un papel importante en nuestro comportamiento y en cómo nos relacionamos entre nosotras y en diversos entornos sociales y culturales.
- ✓ Una de nuestras tareas será ajustar estos límites y estas normas a medida que nuestras amivis vayan aumentando su capacidad para responsabilizarse. Como los límites están muy relacionados con nuestras creencias y valores, analizar la relación particular que mantenemos con ellos nos ayudará a entender desde dónde los comunicamos hoy y a detectar los motivos por los que nos resulta complicado hacerlo.

SEGUNDA PARTE

La tripulación

La diversidad es la norma, así que no hay norma para la diversidad

---

Repasaré una serie de conceptos y te explicaré qué necesitas saber antes de empezar a seguir las pautas para comunicar límites. Te hablaré de la importancia de conocer tus propios límites y de cuándo ponerlos y cuándo no

6

El riesgo de compararse

Negar que la humanidad es diversa es negar una evidencia. Existe una amplia gama de diferencias entre las personas —culturales, sociales, económicas, religiosas, de orientación sexual, de habilidades, de valores...—, así que la diversidad es común y debe esperarse. Esto implica que, en cualquier comunidad o sociedad, la presencia de distintas identidades y experiencias es lo normal, no la excepción. Con esto me gustaría introducir una idea importantísima: cuando educamos, cada caso es distinto, y en él confluyen un montón de circunstancias, características y antecedentes que nos impiden establecer un estándar, un modelo o criterio fijo y universal.

No existe una forma única de hacer las cosas cuando se trata de acompañar a personas en su proceso de cambio, solo una serie de estrategias que, combinadas, se han mostrado más eficaces, determinadas pautas que generan mayores oportunidades de aprendizaje y, por lo tanto, estimulan más el desarrollo del cerebro y el cuerpo, y que tienen un mayor potencial educativo. Durante mi trayectoria profesional, he tenido la oportunidad de ponerlas en práctica y comprobar su eficacia.

Pero antes de compartir estas pautas contigo, es importante que recuerdes que no debes buscar la rapidez. No esperes que funcione como si se tratase de una linterna a la que le has puesto una pila nueva para que vuelva a alumbrar. El desarrollo humano no funciona así. Si queremos que las personas adolescentes entiendan y se apliquen límites y normas, tendremos que desarrollar la paciencia y seguir las pautas con constancia y la mayor coherencia posible. Muchas veces, las seguiremos en la más completa oscuridad, es decir, sin ver los resultados. Es importante mantener la esperanza, a pesar de que no veamos claro el camino. Aunque todavía no veamos el faro, la costa está ahí, y, si mantenemos el rumbo, en algún momento nos la encontraremos. Lo que se hace traspasa el *shallow* y queda. Tengamos presente esta máxima.

Cuando educamos en la adolescencia acompañando lo que sucede en ella, es esencial valorar cada situación de manera particular y detallada. Esto significa que, en lugar de aplicar reglas generales o soluciones estándares, tendremos en cuenta el contexto específico y las características individuales de cada persona. Por eso, nos centraremos en entender las circunstancias únicas y las necesidades emocionales, psicológicas y físicas de cada una, con rasgos de personalidad concretos, temperamento único, determinadas experiencias pasadas y, además y entre otras cosas, que estará en una etapa del desarrollo que vivirá de forma singular. Esto sirve para personas que se encuentran en la infancia, en la adolescencia y en el conjunto de etapas de la vida adulta.

Comparar circunstancias puede ser problemático por varias razones. Lo que funciona en un entorno puede ser inapropiado, ineficaz o contraproducente en otro. Lo que es útil para una persona no lo es para otra. Y no siempre es lo que parece. Por ello, hay que valorar bien cada situación de modo que los límites que establezcamos sean respetuosos, efectivos, pertinentes y ajustados al escenario y a la persona que tengamos delante.

Además, cada familia tiene sus dinámicas, sus valores y sus formas de comunicarse. Algunas pueden adoptar un enfoque más abierto y otras ser más estrictas y estructuradas, por no hablar de los diferentes tipos de familia que podemos encontrar o de los estilos educativos que tienen y ya conoces. Todas estas diferencias pueden influir de manera significativa en cómo las personas adolescentes responden a la disciplina, el apoyo y la libertad. Las familias también provienen de diversos contextos socioeconómicos y culturales que son capaces de determinar desde las oportunidades educativas hasta las expectativas sociales, y lo que es apropiado o efectivo en un contexto cultural o socioeconómico puede no serlo en otro.

Las experiencias pasadas de las personas adultas y adolescentes de la familia también influyen en cómo se desenvuelven en el momento presente. Por ejemplo, una persona adolescente que experimentó una situación de acoso escolar en su infancia necesitará un enfoque diferente a una que no ha vivido esa experiencia. Además, las personas adolescentes se desarrollan a ritmos distintos tanto emocional como físicamente, por lo que las estrategias de comunicación deben adaptarse a la etapa de desarrollo específica de cada una, que pueden variar mucho entre ellas. Esta es una de las principales razones del fracaso del sistema educativo: todavía no ha desarrollado la capacidad de atender a la diversidad para proteger a todo el alumnado.

Por todas estas razones, lo que funciona bien a una familia puede no ser adecuado para otra. En vez de compararnos, es más recomendable que trabajemos para entender y responder a las necesidades específicas de las personas que forman la nuestra. Por lo tanto, uno de los primeros aprendizajes de esta segunda parte es que tendremos que valorar cada situación según las características particulares de cada persona y buscar soluciones personalizadas y adaptadas si queremos ayudarlas a entender los límites (y todo lo que va sucediendo en esta etapa).

El riesgo de comparar a unas familias o personas adolescentes con otras es que ignoramos las diferencias únicas y las necesidades individuales de cada una, lo que puede llevar a expectativas poco realistas y frustraciones innecesarias. Bastante complicado es ya acompañar a las personas hasta su vida adulta, no nos lo pongamos más difícil.

7

Revisa tus límites

Es importante que nos tomemos un momento para pensar en nuestros límites, esos que nos indican hasta dónde podemos llegar sin desbordarnos; los que debemos tener claros en esta etapa y que provienen de nuestras creencias. Estas se forman en la mente a lo largo de la vida y cumplen múltiples funciones importantes para el desarrollo personal y la interacción con el mundo.

Las creencias actúan como un marco de referencia que guía nuestras decisiones y conductas. Influyen en cómo reaccionamos ante diversas situaciones, cómo tratamos a las demás personas y qué decisiones tomamos cada día. Además, proporcionan sentido y propósito a la existencia. Ya estén relacionadas con la religión, la filosofía personal o los objetivos vitales, nos motivan a perseguir metas concretas y a enfrentarnos de una determinada manera a lo que la vida nos va poniendo por delante.

Estas creencias también nos ayudan a manejar la incertidumbre, ya que nos ofrecen una sensación de previsibilidad y control en un entorno a menudo incierto, lo que nos permite sentirnos más seguras acerca de nuestro lugar en el mundo y de cómo interactuar con él. Compartir creencias con otras personas puede fortalecer los lazos sociales y promover un sentido de comunidad y pertenencia. Las creencias contribuyen a la salud emocional y psicológica. Mantener creencias proactivas y favorables sobre nosotras y nuestro entorno puede mejorar el bienestar emocional. Creer en nuestra eficacia y valor puede fomentar la resiliencia frente a la adversidad y mejorar la capacidad de regular el estrés.

Aunque las creencias pueden ser duraderas, con el paso de los años son capaces de adaptarse, de tener cierto margen de flexibilidad. Cuando nos enfrentamos a nueva información o a experiencias que retan a nuestras creencias actuales, tenemos la oportunidad de ajustar las percepciones y aprender. En el día a día del acompañamiento de las personas adolescentes de nuestra vida, nos encontraremos con muchos momentos de ajuste de creencias: la adolescencia es una etapa en que la familia se reorganiza, y debemos estar preparadas para recibir y aceptar ciertos cambios. Este proceso de adaptación y aprendizaje es vital para el crecimiento y desarrollo continuos tanto nuestro como de nuestra familia, y nos permite transitar por la complejidad de la vida más orientadas y con mayor confianza. Tengamos presente que nuestras amivis aún están construyendo esas creencias, es decir, no disponen de un marco que las guíe como el que nosotras disfrutamos. Esto hace que les cueste más posicionarse en ciertas situaciones. Se están desarrollando, construyendo su sistema de valores, y necesitan tiempo.

Cada persona adulta que compone una familia tiene sus creencias individuales, que pueden diferir de las de las demás. Incluso al hablar de una pareja, esas dos personas pueden tener creencias dispares, a pesar de compartir muchas otras. Ser conscientes de esto es muy importante cuando hablamos de comunicar límites en la adolescencia, ya que es una etapa particularmente desafiante si las personas adultas referentes de la familia entienden los límites de forma diferente. Esta realidad hace que, en muchas ocasiones, la relación de pareja se resienta porque se evidencian creencias que sustentan estilos educativos muy distintos.

Por eso, antes de empezar a poner límites a diestro y siniestro, es esencial tener claras dos cosas: nuestras creencias acerca de los límites («¿Dónde están los límites para mí?») y las de nuestra pareja, si la tenemos y educamos con ella («¿Dónde están los límites para ti?»). Te invito a hacer este ejercicio a nivel personal y también con tu pareja, si la tienes y estáis educando a las personas adolescentes de vuestra vida. También sirve si educas con la otra parte y mantenéis una buena relación, aunque ya no seáis pareja. Tener claro dónde están los límites de todas nos facilitará mucho la tarea y evitará que nos confundamos en el día a día adolescente, que es muy demandante por lo que se refiere a aplicar límites y normas.

Este ejercicio te invita a hacer una lista de todo lo que, en tu/vuestro caso, son líneas rojas. Por ejemplo, para una persona o familia podría ser respetar la hora de llegada a casa, mientras que para otra no hacerlo no sería un problema. Es imprescindible que decidas/decidáis cuáles son esas situaciones para las que acordarás/acordaréis ciertas convenciones o normas. En los siguientes capítulos te sugeriré algunas que deberían ser comunes, pero otras serán particulares de cada familia porque, como he comentado en el capítulo anterior, cada una es única, y sus diferencias dependen de varios factores que se interrelacionan e influyen en su dinámica, valores y comportamiento.

Estos factores incluyen, por ejemplo, la cultura familiar: en algunas casas se da mucha importancia a la puntualidad, mientras que en otras son más flexibles. Las creencias religiosas o espirituales también desempeñan un papel importante en la forma de establecer límites, como en el caso de normas de vestimenta o el comportamiento social. Además, las experiencias previas influyen mucho: si ha habido conflictos con el uso de la tecnología, por ejemplo, puede que en esa familia se marquen límites más estrictos por lo que se refiere al tiempo de pantalla.

La estructura familiar —ya sea nuclear, extensa, monomarental o monoparental, de acogida, adoptiva...— tiene un papel decisivo en cómo se desarrolla y funciona la familia. Además, las creencias culturales y religiosas pueden impactar profundamente en la vida familiar e influir muchísimo en la educación, las tradiciones, las prácticas diarias y las normas de conducta.

Las experiencias individuales de las personas adultas de la familia y su educación también inspiran sus perspectivas y reacciones. Esto puede dar lugar a diversos enfoques hacia los problemas que dependen de las dificultades que se hayan ido superando. La personalidad de cada miembro de la familia contribuye a su dinámica, y las interacciones entre diferentes personalidades pueden crear un ambiente distinto. La forma en que hablamos y nos tratamos en casa —con más o menos cariño, por ejemplo— influye mucho en cómo nos llevamos entre nosotras y en lo fuerte que es el vínculo familiar. Si la comunicación es cercana y respetuosa, las relaciones serán más sólidas y el ambiente será más agradable. Las tradiciones heredadas de generaciones anteriores y cómo cada familia decide mantenerlas o adaptarlas también contribuyen a su unicidad.

Por lo tanto, entre tanta diversidad que complica y enriquece al mismo tiempo los sistemas familiares, hay que encontrar una manera común para mantener la coherencia cuando se comunican los límites. Revisar y ajustar los propios y acordar un lugar común para partir de ahí cuando las creencias de las personas adultas de la familia respecto a los límites sean diferentes, es crucial por varias razones que impactan tanto en el desarrollo de nuestras amivis como en la dinámica familiar en general.

Las personas adultas somos su ejemplo. Mantener límites claros y coherentes ayuda a modelar conductas responsables y saludables que las personas adolescentes de nuestra vida pueden imitar y aprender. Por ejemplo, cuando no perdemos los nervios en momentos de tensión, les estamos enseñando a sostener el estrés. Cuando somos capaces de regular las emociones, como expresar frustración sin gritar o no imponer castigos desproporcionados, nuestras amivis aprenden que ellas también pueden gestionar sus emociones sin recurrir a respuestas impulsivas. Al mostrar respeto por las interacciones diarias —como escuchar a otras personas sin interrumpir o hablar con amabilidad incluso durante las discusiones—, les enseñamos a relacionarse de una forma respetuosa y considerada con el entorno. Estas actitudes les ofrecen modelos que, con el tiempo, integran en su comportamiento.

Es imprescindible recordar que, durante la adolescencia, experimentan cambios significativos en sus capacidades cognitivas, emocionales y sociales, lo que requiere que adaptemos nuestros límites a esta nueva etapa con el objetivo de que puedan llevar a cabo las tareas evolutivas de esta. Establecer límites consensuados, claros y apropiados a este momento de su ciclo vital promueve el respeto mutuo y mejora la comunicación, aspectos fundamentales para mantener relaciones saludables dentro y fuera de casa, bajo nuestro techo y bajo cualquier otro. Así que pongámonos manos a la obra, rememos todas hacia ese objetivo y tomemos medidas para revisar y establecer nuestros límites personales con relación a las personas adolescentes de nuestra vida.

Para empezar, sería interesante evaluar nuestros valores y nuestras expectativas, preguntarnos por qué ciertos comportamientos nos parecen o no aceptables y cómo estos se alinean con nuestros principios fundamentales puede ayudarnos a identificar nuestros límites. Durante el proceso, no podemos ignorar las características del desarrollo adolescente: es imprescindible comprender las necesidades y conductas típicas de la etapa para no malinterpretarlas. Leer libros, asistir a talleres o consultar a profesionales son formas de obtener perspectivas que pueden ajustar los límites. Te recuerdo que tengo varios libros al respecto que pueden ser de ayuda.

Además de las necesidades generales de la etapa, es fundamental que conozcamos las necesidades individuales de nuestras amivis: si necesitan pasar tiempo con sus amistades o prefieren estar solas, con qué personas se sienten más cómodas, qué actividades les gustan, cuáles son las características de su ciclo de sueño, qué experiencias viven en el entorno académico... Conocerlo nos sirve para discutir, negociar y acordar límites, y puede fortalecer la relación y facilitar el respeto por las reglas que se establezcan.

Será clave observar cómo responde cada amivi a los límites y estar dispuestas a ajustarlos, si es necesario. La flexibilidad y la capacidad de adaptación son esenciales para mantener una dinámica práctica y provechosa. Además, es importante que los límites tengan cierta solidez y sean comunicados claramente, ya que las personas adolescentes necesitan saber qué se espera de ellas y qué consecuencias tendrá no cumplir con estas expectativas. En la tercera parte encontrarás muchas pautas para conseguir todo esto.

Ahora ya sabes qué importancia tiene revisar y comprender tus límites antes de establecerlos en la relación con tus amivis. Reflexionar sobre tus creencias personales y cómo estas forman la base de tus acciones te permitirá abordar la tarea con mayor consciencia y eficacia. Las creencias no solo guían nuestras decisiones cotidianas, sino que proporcionan un sentido de seguridad y dirección en un mundo incierto.

Comprender y ajustar los límites personales es esencial para modelar comportamientos saludables y establecer una dinámica familiar protagonizada por el respeto y la comunicación. A medida que avanzamos, recordemos que cada límite es una oportunidad para ayudar a nuestras amivis a ganar confianza y respeto, tanto por ellas mismas como por las demás, para que sigan navegando, aunque se encuentren en aguas desconocidas o turbulentas.

En los capítulos que siguen intentaré simplificarte la tarea de comunicar los límites desde el respeto a la diversidad. Además, te aportaré pautas que podrás probar en cada una de las situaciones que se te presenten durante la adolescencia y surcar esos mares de aguas turbulentas más segura.

8

Decide cuándo poner límites

Establecer límites en la adolescencia implica crear cierto equilibrio entre proteger su seguridad y fomentar su autonomía, lo cual no es fácil. No buscamos la perfección, es completamente inalcanzable, así que con ese «cierto equilibrio» será suficiente. Para ello, es necesario que adaptes esos límites a la realidad contemporánea (evita poner los del siglo XIV) y a las características individuales de cada adolescente. Esto quiere decir que es importante valorar cada situación y a cada adolescente por separado. Si tenemos más de una amivi, los límites no funcionarán igual para todas, y será imprescindible adaptarlos a las necesidades de cada una.

Por ejemplo, supongamos que en una familia hay dos adolescentes, Marta y Lucía, de edades y personalidades diferentes. Marta, de dieciséis años, suele ser responsable, mientras que Lucía, de catorce, es más impulsiva y tiende a desafiar las normas. Si establecemos un límite sobre el uso de dispositivos electrónicos, como limitar el tiempo de pantalla a una hora al día, es importante considerar las necesidades y características de cada una.

Para Marta, este límite podría funcionar por su tendencia a autorregularse y seguir las normas. Sin embargo, para Lucía el mismo límite podría ser frustrante y generarle resistencia, ya que es más impulsiva y le cuesta más manejar sus tiempos. En este caso, un enfoque más flexible pero estructurado quizá sería más efectivo. Por ejemplo, en vez del límite rígido de una hora diaria, podríamos ofrecerle un sistema de autorregulación gradual: permitirle más tiempo de pantalla con la condición de que se tome descansos cada treinta minutos para realizar otra actividad —leer, hacer ejercicio o socializar, por ejemplo—. Además, podríamos implicarla en la creación del límite y permitirle cierta autonomía para que decida cuándo usar ese tiempo, siempre que no interfiera con sus responsabilidades académicas o las de la casa.

Este enfoque respetaría su necesidad de libertad e independencia y, a la vez, fomentaría la responsabilidad y la autorregulación, habilidades que sigue desarrollando. La clave es que el límite sea flexible, pero con consecuencias claras y ajustadas a su madurez, lo que aumentará su disposición a cumplirlo sin percibirlo como una imposición arbitraria.

Antes de definir un límite, debemos comprobar si refleja necesidades reales y está en sintonía con el momento y el lugar en los que vivimos, más allá de nuestras experiencias pasadas o prejuicios. No es lo mismo vivir en una gran ciudad, donde la delincuencia y la violencia están a la orden del día, que hacerlo en un pequeño pueblo de montaña. Es esencial que los límites no sean anacrónicos ni impongan restricciones desfasadas que no tengan relevancia en la vida adolescente de hoy en día.

Por ejemplo, pensemos en el tiempo libre y las actividades extracurriculares. Quizá en generaciones pasadas, la oferta de entretenimiento era limitada si se compara con la actual. Las personas que fueron adolescentes en los ochenta o noventa, por ejemplo, pasaban el tiempo libre en plazas y parques, en casa de sus amistades, en su habitación escuchando música, en las discotecas, haciendo deporte, tomando clases de danza o teatro, en el cine, en los recreativos.... Las opciones eran limitadas.

Con el desarrollo de la tecnología y la aparición del mundo online, las personas adolescentes de hoy tienen acceso a una amplia gama de opciones de entretenimiento que van de los videojuegos a las plataformas de *streaming*, que ofrecen series y películas en cualquier momento, o las redes sociales. Además, las actividades extracurriculares han evolucionado, y hay más oferta y recursos a su alcance en el mundo offline.

Si, por ejemplo, nacimos en los setenta, quizá pongamos límites basados en nuestra experiencia y restrinjamos el acceso a ciertas actividades porque las consideremos una pérdida de tiempo o perjudiciales. Podríamos pensar que jugar a videojuegos es perder el tiempo o que estar en las redes sociales no tiene ningún valor. Sin embargo, en la realidad presente, estas actividades pueden ser una parte importante del desarrollo social y emocional de nuestras amivis. Los videojuegos pueden ayudarlas a mejorar las habilidades cognitivas y a conectar con sus iguales a través de intereses comunes. El uso de las redes sociales, aunque a veces nos preocupe, quizá llegue a ser una plataforma en la que desarrollar su identidad, expresarse de manera creativa y cultivar sus relaciones. Incluso actividades como ver series o crear contenido en plataformas como TikTok o YouTube, que podemos considerar triviales, les permiten explorar su capacidad creativa y proyectar una identidad que forma parte de su desarrollo y autoexploración.

Por lo tanto, es crucial que reconozcamos las diferencias entre nuestra experiencia adolescente y la de nuestras amivis, y que ajustemos los límites en consecuencia. En lugar de imponer restricciones desfasadas, es importante dialogar con ellas y comprender las necesidades e intereses de la adolescencia contemporánea para marcar límites que reflejen de manera más precisa el entorno y las demandas actuales.

Los límites deben revisarse y ajustarse para asegurarnos de que siguen siendo útiles y adecuados a la realidad actual. No podemos imponer reglas basadas en lo que creíamos correcto en el pasado, ya que las circunstancias y el contexto de hoy son diferentes. Por ejemplo, en lugar de prohibir a una adolescente salir con su pareja porque pensamos que es demasiado joven, deberíamos analizar la situación de forma razonada. Es mejor evaluar cómo es su relación, si la adolescente muestra madurez para gestionarla y si existen señales de peligro. Prohibirla por el mero hecho de creer que es lo mejor puede generar frustración, rebeldía y, lo peor de todo, deteriorar la confianza mutua. Esto puede provocar que, en el futuro, no nos cuente lo que está viviendo.

Otro caso sería el uso del móvil o las redes sociales. En vez de imponer una norma rígida como «Nada de móvil entre semana», podemos adaptarla. Las redes sociales forman parte del día a día de nuestras amivis y, en vez de prohibirles el acceso, es mejor establecer acuerdos. Por ejemplo, permitirles usar el móvil si han cumplido con sus responsabilidades académicas o fijar un tiempo de uso razonable y compatible con sus otras actividades. De este modo, seguimos manteniendo límites para su bienestar, pero sin eliminar algo importante para su vida social. Revisarlos y adaptarlos no significa perder autoridad, sino ayudarles a aprender a abordar su libertad responsablemente. Si los límites son más realistas, es más probable que los cumplan y que la relación entre nosotras se fortalezca.

Cuando una persona adolescente solicita más libertad, como salir por la noche con sus amistades, por ejemplo, es importante valorar estas demandas desde una perspectiva informada y sensata. Si nuestra amivi ha demostrado responsabilidad y no existen indicadores de riesgo, deberíamos considerar esas experiencias y potenciarlas según unas condiciones acordadas que preserven su seguridad y bienestar.

Por ejemplo, se puede acordar una hora concreta para volver a casa, con la posibilidad de flexibilizarla más adelante si sigue siendo responsable. También te recomiendo que mantenga el contacto contigo durante la salida, enviando un mensaje o haciendo una llamada para confirmar que todo va bien. Es útil saber con quién estará, dónde y qué actividades tiene planeadas para que ambas partes os sintáis tranquilas y seguras. Además, le puedes pedir que cumpla con sus responsabilidades en casa y en los estudios antes de salir, esperando que siga haciéndolo.

Tras la salida, una charla breve para comentar cómo ha ido y si ha cumplido con las condiciones puede reforzar su compromiso. Por último, es importante tener un plan por si algo no sale bien, para que sepa que puede contar contigo si surge algún problema o se siente incómoda o insegura. Estas condiciones atienden a sus necesidades de desarrollo y exploración, pero también fortalecen la confianza y la comunicación en la familia.

Es fundamental también considerar el contexto social de las personas adolescentes de nuestra vida. Esto incluye a sus amistades y el entorno en que se mueven. Verificar afirmaciones como «A todas mis amigas les dejan» puede revelar si estamos siendo injustamente restrictivas y poniendo a nuestras amivis en una situación incómoda sin necesidad. Conocer a las familias de sus amigos, aunque parezca todo un reto, y establecer acuerdos comunes sobre actividades y horarios puede facilitar una gestión coherente y segura de las salidas.

El «A todas mis amigas les dejan» puede ser real o no, pero si nos esforzamos por conocer a las familias de sus amistades y les transmitimos el mensaje de que eso les permitirá salir hasta más tarde si se comprueba la afirmación, podremos reconducir y transitar esa situación delicada de forma más eficiente, acompañada y mejor para todas. Con frecuencia, ese tipo de expresiones se basan más en la necesidad que tienen de que las dejemos tomar sus propias decisiones que en hechos reales. Y también debemos interpretarlo y comprenderlo, porque responde a otra de las tareas evolutivas de esta etapa: el desarrollo de la autonomía.

Los límites deben centrarse en promover comportamientos que fomenten la autonomía y la capacidad de relacionarse de forma saludable con el entorno. Por ejemplo, establecer un horario para el uso de la tecnología que permita tener tiempo para el estudio, pero sin imponer una restricción que las presione. En vez de prohibir el móvil del todo, se puede acordar que, durante las horas de estudio, esté apagado, y que se use de manera responsable el resto del tiempo.

Otro límite saludable podría centrarse en la comunicación en casa. Por ejemplo, se podría acordar que, al llegar, toda la familia compartiera durante la cena algo sobre su día para fomentar el diálogo. En cuanto a la convivencia, pueden establecerse límites claros respecto a las tareas compartidas, como mantener ordenadas las zonas comunes, respetar el horario de limpieza o que, al usar el baño, se recoja para que todas las personas puedan disfrutar de un espacio cómodo. En lugar de criticar sus preferencias personales, como la música que escuchan o el estilo de ropa que eligen, es mejor centrarse en lo que afecta a su bienestar o a sus relaciones. Sería el caso de permitirles que elijan su estilo, siempre que respeten las normas básicas de higiene o la adecuación a ciertos eventos. Esto favorecerá que exploren su identidad sin sentirse juzgadas.

Centrémonos en comunicar los límites en términos de respeto mutuo y honestidad, y desarrollarán habilidades para expresar sus pensamientos y emociones constructivamente.

Enfoquémonos en ayudarlas a desarrollar habilidades de gestión del tiempo y establecer horarios de estudio que les permitan cumplir con sus responsabilidades académicas y reservar tiempo para el ocio y el descanso. Hay varias maneras de apoyarlas para que desarrollen estas habilidades. Si nos centramos en comunicar los límites con respeto y honestidad, les estaremos enseñando a expresar lo que piensan y sienten sin miedo a ser juzgadas. Por ejemplo, cuando surjan desacuerdos sobre temas importantes, como el uso del móvil o las salidas, podemos aprovechar para escuchar sus argumentos y responder desde el respeto, lo que les enseñará a resolver los conflictos de forma más madura.

En cuanto a la organización del tiempo, podemos echarles una mano a la hora de planificar su jornada de estudio estableciendo un horario equilibrado que incluya tiempo para los deberes, pero también para el ocio y el descanso. Por ejemplo, si tienen que preparar un examen, podemos sentarnos con ellas y diseñar un horario realista que divida el tiempo entre el estudio y los momentos de desconexión.

Promovamos la ayuda y el respeto mutuo en la familia. Establezcamos límites claros sobre el respeto a la privacidad, la limpieza y el orden, pero mostrémonos tolerantes para que puedan expresar su individualidad y respetemos sus ritmos. Así, contribuiremos al bienestar de la familia, pero en sintonía con su momento de desarrollo.

Transmitamos la importancia de respetar las normas sociales y la diversidad en las personas de su entorno. Hablemos de los límites en términos de seguridad personal y responsabilidad cívica y afectiva. Animémoslas a explorar y participar en diversas actividades de forma responsable. Podemos empezar ofreciéndoles oportunidades de examinar diferentes campos y guiarlas a hacerlo de manera consciente. Por ejemplo, si quieren apuntarse a un deporte o una actividad extracurricular, en vez de inscribirlas y ya, podemos sentarnos con ellas para hablar de cómo organizarán su tiempo y equilibrarán sus responsabilidades con esa nueva tarea.

Si se interesan por algún proyecto social o voluntariado, al principio podemos acompañarlas, ayudándolas a entender la importancia de la responsabilidad cívica y cómo esa actividad puede impactar en su entorno. Supervisarlas y orientarlas en estas primeras experiencias les permite desarrollar un sentido de la responsabilidad más profundo. En cuanto al uso de la tecnología, en lugar de restringir el tiempo de pantalla, podemos dialogar sobre el contenido al que pueden tener acceso. Por ejemplo, si vemos juntas un vídeo en YouTube o exploramos una red social, podemos hablar sobre la importancia de filtrar la información, respetar las normas de convivencia digital y usar estas herramientas para aprender o crear. Si les interesa crear contenido, como un blog o canal de vídeo, podemos orientarlas para que lo hagan de manera constructiva, respetuosa y segura, de modo que su presencia online sea lo mejor posible.

Supervisemos el tiempo que pasan frente a las pantallas y el contenido al que tienen acceso, pero promovamos la alfabetización digital y el uso creativo y constructivo de la tecnología para aprender, comunicarse, crear y relacionarse con las demás personas. Así, las ayudaremos a prestar atención a las conductas que, a la larga, pueden repercutir en su capacidad para ser autónomas e interactuar socialmente.

Veamos situaciones en las que los límites pueden ser más flexibles. Explorar sus intereses —deportes, música, actividades artísticas...— fomenta la construcción de su identidad. Aunque las actividades que escojan puedan parecer poco convencionales o no respondan a las expectativas familiares, es importante que tengan libertad para descubrir sus pasiones. La forma de vestir, el peinado, la elección de accesorios o la decoración de su cuarto suelen ser modos de expresar su individualidad en esta etapa. Si bien pueden parecer rebeldes, son maneras inofensivas de explorar y definir su identidad personal.

Veamos algunas situaciones en las que es clave marcar límites claros. Una de ellas es el uso de la tecnología, lo que permite proteger la privacidad y seguridad de nuestras amivis, cuidar sus momentos de estudio y fomentar que interactúen con otras personas. Equilibrar el tiempo que pasan online con el que pasan offline puede ayudarlas a mejorar sus habilidades para comunicarse en la vida real y evitar riesgos como el ciberacoso, entre otros.

Establecer límites respecto a las responsabilidades académicas y la convivencia en casa y fuera de ella las ayuda a desarrollar la autonomía y el compromiso. Por ejemplo, pueden tener libertad para organizar el tiempo dedicado a las tareas, pero con el acuerdo claro de que deben completarse. Además, es crucial poner límites en conductas que puedan dañar o no respetar a otras personas. Esto incluye evitar la agresión verbal o física; velar por las normas de convivencia en casa, en el centro educativo, en la calle y en otros espacios públicos; y supervisar y prevenir que participen en actividades que impliquen riesgos para ellas o para otras personas, como conducir imprudentemente o el consumo de sustancias, por ejemplo.

Hay libertades que son esenciales para que las personas adolescentes exploren quiénes son y descubran sus intereses y pasiones, pero debemos dejar claros los límites en áreas que impactan en su seguridad y su capacidad para ser responsables y socialmente competentes. No solo protegen su bienestar, sino que les enseñan a vivir la libertad con sensatez.

En esta parte hemos visto que, para comunicar límites de forma operativa, es necesaria una reflexión profunda sobre nuestras creencias y una evaluación cuidadosa de las necesidades y el contexto de las personas adolescentes a las que acompañamos. También hemos comprobado que no debemos señalar cualquier expresión individual de nuestras amivis, solo las que pueden interferir en su desarrollo y su capacidad para ser personas autónomas y sociables. Al hacerlo, las protegemos y les enseñamos a vivir en el mundo de manera responsable y autónoma.

Con paciencia, comunicación y capacidad para adaptarnos, seremos capaces de acompañarlas hacia una vida adulta más consciente de la importancia que tiene cuidarnos y cuidar de las personas con las que vivimos, y esto, en parte, lo conseguiremos gracias a la comprensión de los límites.

Espero que sigas a flote, porque seguimos navegando hacia la tercera parte del libro.

LOS AMARRES

Ideas principales

- ✓ Cada caso es distinto, y en él confluyen un montón de circunstancias, características y antecedentes que impiden establecer un estándar, un modelo o criterio fijo y universal. Sin embargo, existen una serie de pautas que tienen un mayor potencial educativo, es decir, que generan más oportunidades de aprendizaje y, por lo tanto, estimulan el desarrollo del cerebro y el cuerpo.
- ✓ Si queremos que las personas adolescentes entiendan y se apliquen límites y normas, tendremos que desarrollar la paciencia y seguir las pautas con constancia y la mayor coherencia posible.
- ✓ Es importante valorar cada situación según las características particulares de cada persona y buscar soluciones personalizadas y adaptadas si queremos aportar el apoyo necesario para ayudarlas a entender los límites.
- ✓ Antes de empezar a poner límites a diestro y siniestro, es esencial tener claras dos cosas: nuestras creencias acerca de los límites («¿Dónde están los límites para mí?») y las de nuestra pareja o expareja, si la tenemos y educamos con ella («¿Dónde están los límites para ti?»).
- ✓ Preguntarnos por qué ciertos comportamientos nos parecen o no aceptables y cómo estos se alinean con nuestros principios fundamentales puede ayudarnos a identificar nuestros límites.
- ✓ Tener claro dónde están los límites de todas nos facilitará mucho la tarea y evitará que nos confundamos en el día a día adolescente, que es muy demandante por lo que se refiere a aplicar límites y normas.
- ✓ Las personas adultas somos su ejemplo. Mantener límites claros y coherentes ayuda a modelar conductas responsables y saludables

que las personas adolescentes de nuestra vida pueden imitar y aprender.

- ✓ Será clave observar cómo responde cada amivi a los límites.
- ✓ Los límites deben tener cierta solidez y comunicarse claramente, ya que las personas adolescentes necesitan saber qué se espera de ellas y qué consecuencias tendrá no cumplir con estas expectativas.
- ✓ Las ayudaremos a prestar atención a las conductas que, a la larga, pueden repercutir en su capacidad para ser autónomas e interactuar socialmente.
- ✓ Hay libertades que son esenciales para que las personas adolescentes exploren quiénes son y descubran sus intereses y pasiones, pero debemos dejar claros los límites en áreas que impactan en su seguridad y su capacidad para ser responsables y socialmente competentes.
- ✓ Los límites deben ser flexibles en áreas relacionadas con sus preferencias para favorecer la construcción de su identidad.
- ✓ Debemos establecer límites respecto al uso de la tecnología, las responsabilidades académicas y la convivencia en casa y fuera de ella, la forma de relacionarse con las demás personas (faltas de respeto, abuso en las relaciones, etc.), el cuidado de su salud (higiene, sueño, alimentación, consumo de sustancias…).

TERCERA PARTE

El timón

La constancia facilita el aprendizaje, y el aprendizaje estimula el desarrollo

---

Te presentaré las pautas para comunicar límites sin volverte autoritaria. Te hablaré de las más eficaces para que las personas adolescentes entiendan los límites y cómo seguirlas de forma sencilla

9

La ruta hacia la comprensión de los límites

Cuando comunicamos límites en la adolescencia, hay cuatro palabras imprescindibles que debemos interiorizar para que formen parte de nuestro día a día: expectativas, responsabilidades, consecuencias y apoyo. Todas ellas son imprescindibles en el proceso de comprensión de los límites personales y sociales.

Cuando hablamos de **expectativas**, nos referimos a que los límites y las normas deben ser claros y comprensibles para nuestras amivis, quienes tienen que saber qué se espera de ellas. Por ejemplo, si queremos que vuelvan a casa a una hora concreta, es importante decirles directamente: «Esperamos que llegues a casa antes de las once de la noche; nos preocupa tu seguridad y queremos asegurarnos de que descanses para el día siguiente». Es importante transmitirlo sin ambigüedades. Así, no solo establecemos el límite, sino que explicamos por qué es importante. Del mismo modo, si les pedimos que reduzcan el tiempo delante de la pantalla, podemos decir: «Es importante que no pases más de dos horas al día con el móvil porque necesitas descansar la vista y concentrarte en los estudios». Expliquemos las razones que se esconden tras esas expectativas, es decir, los motivos que hacen que unas conductas sean aceptables y otras no.

Asimismo, es importante invitarlas a que expresen lo que esperan de nosotras. Podemos preguntarles: «¿A qué hora deberías llegar para descansar lo suficiente y rendir en el instituto mañana?», «¿A qué hora crees que debes empezar a hacer los deberes y acabarlos a tiempo para ir a entrenar?», «¿Qué te gustaría que cambiáramos en cuanto a las normas o respecto a la forma de hablarte sobre tus responsabilidades? ¿Hay algo que te gustaría que hiciéramos de otro modo?». Así se sentirán escuchadas y participarán en la toma de decisiones, lo que facilitará que cumplan las normas con mayor disposición.

Las expectativas son importantes porque establecen un marco de referencia sobre lo que se considera aceptable o deseable en términos de comportamiento y rendimiento, tanto en una relación como en un entorno concreto o situación. Cuando nuestras amivis comprenden las expectativas que se tienen sobre ellas —nuestras y de la sociedad—, pueden orientar sus decisiones y conductas con mayor eficacia. Si están claras, las ayudarán a entender hasta dónde pueden explorar y dónde están los límites que no deben cruzar. Lo mismo pasa cuando les damos la oportunidad de expresar sus expectativas con relación a nosotras o al resto de las personas.

Las **responsabilidades**, nuestra segunda palabra importante, se refieren a las obligaciones y los deberes que cada persona tiene en su vida diaria. A medida que nuestras amivis asumen responsabilidades en el ámbito académico, en casa, en sus actividades extracurriculares o relaciones sociales…, se van preparando para la vida adulta. El proceso de asumir responsabilidades gradualmente es básico para que lleguen a ser autónomas. Fomenta la creencia en su capacidad para ejecutar tareas y alcanzar sus metas. Les da autoridad.

En esta etapa es muy útil hablar de responsabilidades compartidas. Ellas las tienen y nosotras también, y, juntas, debemos responsabilizarnos del cuidado de la casa, de la familia, las mascotas… Cuando las aceptan y las cumplen, ganan confianza en ellas mismas y aprenden a planificar y gestionar su tiempo y sus recursos, habilidades que son necesarias para la vida adulta. Esto incluye desde las tareas cotidianas —hacer la cama y mantener despejada la mesa de estudio, por ejemplo— hasta las responsabilidades más complejas —administrar el dinero, realizar las tareas académicas a tiempo, cumplir con la hora de llegada tras las salidas, el cuidado de la mascota…—. Es imprescindible que nosotras también cumplamos con las promesas que les hacemos, aquello a lo que nos hemos comprometido y nuestras responsabilidades.

Las **consecuencias**, tercera palabra imprescindible en la tarea que nos ocupa, juegan un papel fundamental en la formación del carácter y el desarrollo de la responsabilidad en las personas adolescentes de nuestra vida. Para que nuestras amivis aprendan a evaluar sus decisiones y anticipar los efectos de sus conductas en el futuro, es esencial que experimenten las consecuencias de sus decisiones. Estas les imprimirán carácter y generarán aprendizajes, lo que las ayudará a formarse como personas responsables. Tanto si son buenas como si no, enfrentarse a ellas les permitirá aprender de sus decisiones y, con el tiempo, serán más prudentes y previsoras. Para que mejoren y tomen buenas decisiones en el futuro, deben vivir y entender el resultado de sus acciones. Solo así podrán ajustar lo que haga falta y no repetir errores.

Las consecuencias naturales son el resultado directo de las acciones que emprendemos o de aquello que sucede como efecto de algo que ha pasado o que hemos hecho. En ellas no se da un proceso de reflexión previo, aunque sí posterior. Se cae el jarrón y se rompe. El tren se retrasa y perdemos el avión. Descubro que mi pareja me ha mentido y me pongo triste. *A priori*, no podemos prevenir qué va a pasar porque lo que sucede es algo, en cierta forma, inesperado.

La causa lleva al efecto. Como consecuencia natural del impacto del jarrón en el suelo, se ha roto. Después puedo plantearme por qué se ha caído y qué debo hacer para que no se repita en el futuro. La consecuencia natural de que el tren se retrase es perder el avión. A continuación, puedo reflexionar sobre qué puedo hacer para prevenir esta situación la próxima vez. La consecuencia natural de que mi pareja me haya mentido es que me he puesto triste y que ahora me cueste confiar en ella. Luego puedo plantearle lo que necesito para darle un desarrollo y una resolución al problema.

Además de este tipo de consecuencias, existen otras en las que se puede dar un proceso de reflexión previo que lleve, a su vez, a una reflexión posterior muy educativa. Ambas consecuencias serán imprescindibles al acompañar a nuestras amivis para que entiendan los límites, las segundas en especial. Se trata de las consecuencias lógicas, que deben estar directamente relacionadas con el comportamiento que se quiere mejorar, ser proporcionales y previsibles, y, en la medida de lo posible, acordarse antes o en el momento en que se produce o se descubre la conducta que se quiere mejorar.

Buscamos en todo momento que nuestras amivis aprendan la relación que existe entre la causa y la consecuencia, entre la decisión que han tomado y lo que ocurre después de ejecutarla. Entre acción y resultado. Queremos que relacionen la consecuencia con la conducta que estamos señalando. Por ejemplo, si llegan a casa media hora más tarde del límite de tiempo acordado, la consecuencia natural sería nuestra preocupación, y la lógica podría ser recuperar ese tiempo y volver media hora antes en su próxima salida o dedicar treinta minutos más a estudiar —a las obligaciones—, al día siguiente. O cualquier otra cosa directamente relacionada con esa conducta.

Comprender esta conexión es un proceso que lleva tiempo. Por lo tanto, tendrá que ir ocurriendo, y deberemos incidir en ello durante toda la etapa. Recuerda: la educación es artesanal. Las consecuencias tienen que ser proporcionales a la conducta. No deben ser tan severas que provoquen resentimiento ni tan leves que no se las tomen en serio. El objetivo es educar, no utilizar métodos punitivos (castigos u otras prácticas tan extendidas como obsoletas).

Por ejemplo, imaginemos que una persona adolescente no realiza sus tareas académicas a tiempo y supongamos que es un comportamiento un tanto recurrente. Una consecuencia desproporcionada, y que podemos considerar severa y nada educativa, sería decidir que, como castigo, no podrá salir con sus amistades durante todo el curso. La consecuencia sería excesiva y no estaría directamente relacionada con la conducta que queremos mejorar: que realice las tareas a tiempo. La desmesura provocaría resentimiento y aumentaría el rechazo a seguir otras normas o directrices importantes, dado que el castigo se vería más como una imposición arbitraria que como una lección constructiva.

Ahora imaginemos una consecuencia desproporcionada pero leve y nada educativa. Imaginemos que, ante la misma situación, nos limitamos a recordarle que debe hacer las tareas, sin ninguna otra acción si sigue ignorando sus responsabilidades. Esto podría no ser lo bastante serio como para motivar un cambio en su conducta, ya que no establece repercusiones reales ni señala el motivo o la importancia de cumplir con sus tareas.

Veamos una consecuencia que podríamos considerar proporcionada y educativa: ante la misma situación, aplazamos las actividades de entretenimiento hasta que realice las tareas cada día. Esta consecuencia es directamente proporcional, está relacionada con la conducta que debe mejorar (no hacerlas) y ofrece un incentivo claro para cambiar su comportamiento. Señala la importancia de priorizar las responsabilidades antes que el ocio. Además, permite que desarrolle una mejor gestión del tiempo de forma progresiva y que aumente sus responsabilidades sin fomentar el rechazo a las normas. Con este enfoque, transmitimos la relación directa entre acción y resultado, además de reforzar la idea de que los privilegios van acompañados de responsabilidades y que su cumplimiento es esencial para disfrutar de ellos.

Cuando las consecuencias de ciertas acciones o comportamientos se conocen previamente, es decir, son previsibles, las personas adolescentes de nuestra vida pueden anticipar las reacciones a sus decisiones, algo que, sin ayuda, les resulta complicado en esta etapa. Si hacemos que sean predecibles, hacemos que vayan ajustando su conducta de forma paulatina, más calculada y consciente. Esto crea un ambiente de coherencia y seguridad, y les facilita la internalización de normas y límites. Necesitarán tiempo para hacerlo, pero con este estímulo será más fácil que lo consigan.

Si logramos que las consecuencias sean previsibles, las ayudaremos a establecer un marco claro en el que operar con seguridad. Conocer de antemano las repercusiones de sus actos les permite ir desarrollando la capacidad de evaluar riesgos y tomar decisiones más informadas. En esta etapa les resulta complicado, ya que su córtex prefrontal tiene dificultades para identificar los riesgos e imaginarse en ellos. Si no saben qué esperar, la desorientación está servida. Cuando las normas están claras y sus consecuencias son predecibles, se reduce la ansiedad relacionada con la incertidumbre y se promueve un ambiente en el que nuestras amivis se sienten más seguras para expresarse y explorar. Y a nosotras también nos cuesta menos comunicarnos.

Además, existe una evidencia que sugiere que las consecuencias tienen mayor impacto si se acuerdan en colaboración con nuestras amivis. Este enfoque participativo es más eficaz porque les permite tomar partido, se sienten más identificadas con estas consecuencias y comprenden el sentido de respetarlas. Cuando entienden y aceptan las reglas y sus correspondientes consecuencias después de que su opinión se haya tenido en cuenta, son más propensas a adherirse a ellas. Acordar normas y consecuencias con nuestras amivis nos brinda la oportunidad de ayudarlas a desarrollar habilidades muy valiosas para la vida, como la negociación y el compromiso.

Si acordamos conjuntamente las expectativas y consecuencias de no cumplirlas, se sienten responsables de sus acciones, y esto es crucial para el desarrollo de su autonomía. Si las consecuencias son el resultado de un acuerdo previo, nuestras amivis serán más propensas a percibirlas como justas y razonables, así que se resistirán menos a cumplirlas. Si comprenden claramente las reglas y razones que se esconden tras ellas, si sienten que han tenido un rol en su formulación, el cumplimiento de las normas mejorará significativamente.

Por ejemplo, si acordamos con nuestra hija adolescente que su hora de llegada será las once de la noche, y que, si no cumple con ese horario, perderá la posibilidad de salir el fin de semana siguiente, conocerá de antemano las consecuencias de no respetar ese límite. Al haber participado en la conversación y el acuerdo, es más probable que acepte la consecuencia como justa y que se sienta responsable de sus decisiones. De este modo, si un día llega tarde, en vez de pensar que la hemos castigado de forma arbitraria, entenderá que es la consecuencia de algo que habíamos acordado. Esto la ayudará no solo a cumplir las normas, sino a desarrollar su autonomía y capacidad para gestionar el tiempo y las responsabilidades.

Si transmitimos la lógica de las consecuencias, favorecemos que las personas adolescentes de nuestra vida ajusten su comportamiento en función de los límites establecidos, algo imprescindible para que lleguen a ser autónomas y con capacidad de autocontrol. Esto las ayudará en su vida personal y académica, pero también en sus interacciones sociales, donde el respeto mutuo y la comprensión de las consecuencias de sus actos pueden mejorar significativamente sus relaciones.

Para finalizar, es necesario hablar del **apoyo**, la última de las palabras fundamentales en el desarrollo de la comprensión de los límites. Nuestro apoyo proporciona a nuestras amivis la seguridad que necesitan mientras exploran y experimentan con los límites. Sí, los cuestionarán y se los saltarán como parte del proceso natural de entenderlos, y es esencial no rechazarlas por ello. Transmitirles que tienen nuestro respaldo a pesar de los errores fomenta su confianza para enfrentarse a lo que les vaya surgiendo y la seguridad de que pueden buscar ayuda cuando se equivoquen o algo no salga como esperaban. También recibirán los límites de las demás personas: amistades, parejas, profesorado, personas adultas de la familia extensa… Es esencial que nos consideren el lugar al que volver para dar sentido a todas las emociones que se despertarán en el proceso y recuperarse.

Expectativas, responsabilidades, consecuencias y apoyo. Estas palabras harán que, poco a poco, paso a paso, las personas adolescentes de nuestra vida vayan aprendiendo cómo funcionan los límites: los suyos, los de las demás y los del mundo. Debemos pasar por ellas en el día a día de la adolescencia porque están en la ruta hacia la comprensión de los límites, y ellas conducirán a nuestras amivis hacia una vida adulta proactiva y comprometida.

10

Cómo pueden actuar ante los límites y qué hacer ante sus reacciones

Ya conocemos los motivos por los cuales es imprescindible comunicar los límites en esta etapa, sabemos por qué puede costarnos y hemos descubierto la ruta que nos ayudará a llevar a nuestras amivis hacia su comprensión de modo progresivo. Sabemos que no será una travesía sencilla y que habrá momentos desagradables mientras los van integrando gracias a nuestra perseverancia y coherencia.

Nos sorprenderán grandes tempestades, y a menudo las olas nos desestabilizarán, pero, si tenemos claras sus posibles reacciones ante los límites y aprendemos recursos para comunicárselos, estaremos preparadas. Si nos familiarizamos con las maniobras, agarramos bien el timón y llevamos puesto el chaleco salvavidas, es más probable que lleguemos a buen puerto sanas y salvas.

No todas las personas adolescentes reaccionan de la misma manera ante los límites. Cada caso es único, pero en este capítulo encontrarás un conjunto de reacciones habituales y algunas de las formas de acompañarlas para convertir la situación en una oportunidad educativa y evitar un conflicto en escalada. En los siguientes incluyo en detalle las pautas que aquí se apuntan.

«No quiero cumplir tus normas»
Acuerda unas normas comunes y aumenta su capacidad de decidir sobre ellas

La resistencia es una de las reacciones más habituales. Se manifiesta cuando tus amivis sienten que su autonomía se ve comprometida, de manera que pueden inclinarse por desafiar abiertamente los límites como forma de reafirmar su independencia. Sería el caso de Lola y Emma, por ejemplo. A veces, el deseo de tomar sus propias decisiones está reñido con sus necesidades, pero no las perciben, y pueden, incluso, ponerlas en riesgo.

Podrían procrastinar sus tareas académicas o ignorar el horario establecido de uso del móvil, entre otras cosas, para transmitirnos su deseo de controlar su vida. Ten en cuenta que no lo hacen conscientemente para fastidiarte o manipularte. No te lo tomes como algo personal (recuerda: no es personal, es cerebral), sino como su manera de decirte que quieren tomar sus propias decisiones. Es una oportunidad educativa para ayudarlas a comprender los límites.

La resistencia forma parte natural del desarrollo adolescente, no es que cuestione tu capacidad para hacerte respetar. No es un ataque personal ni demuestra que no sabes poner límites. Tampoco evidencia que, durante su infancia, lo has hecho mal. Mantener la calma y abordar la situación sin dejarte llevar por las emociones más desagradables que sientes puede prevenir una escalada de conflictos y facilitar la comunicación. Respira y prepárate para dar una respuesta a la situación que te permita seguir acompañándolas para que desarrollen la capacidad de entender los límites.

¿Recuerdas lo que le pasaba a Lola? Ella no podía hacerlo, y por eso se eternizaban sus discusiones con Emma y acababan en reacciones agresivas por ambas partes. Cuando tus amivis se resisten, es útil que las invites a expresar su opinión sobre la norma a la que se resisten, a que digan qué no les gusta de ella y qué cambiarían. En este caso, una estrategia sería estimular su participación para encontrar, juntas, una forma de organización que os sirva a ambas partes.

Es importante dejarles claro el objetivo que tienen y animarlas a que propongan cómo quieren cumplirlo. Por ejemplo, si lo que pasa es que necesitan dedicar diariamente un tiempo a estudiar y otro al ocio, pero les cuesta equilibrarlo, debes dejarles claro que ese es el objetivo y que pueden alcanzarlo de varias formas. Ayúdalas a reflexionar sobre las diferentes maneras de conseguirlo, sostén lo que se propongan lograr y ajústalo haciendo pequeños cambios, si no lo mantienen como pretendían. Para ello, tendrás que estar atenta y hacer un seguimiento de las estrategias que han escogido para cumplir el objetivo «dedicar cada día un tiempo a estudiar y otro al ocio».

Debes escuchar las estrategias que proponen para alcanzar

sus metas y dialogar con ellas para descubrir los motivos de su resistencia. La intención debe ser siempre explorar las soluciones juntas para ayudarlas a proteger sus necesidades, aunque no las perciban, sin que dejen de hacer lo que también necesitan para desarrollarse en esta etapa. Cuando tus amivis te piden más control sobre su vida, ofrecerles estas opciones puede satisfacer sus necesidades y, al mismo tiempo, mantener los límites establecidos. Esto supone permitirles elegir cómo y cuándo completar sus tareas u ofrecerles diferentes maneras de cumplir con sus responsabilidades.

Colaborar con tus amivis para definir los límites es más efectivo que imponer reglas de forma unilateral, pero debes tener claro que tendrás que ceder en algunos aspectos, ya que es la forma de llegar a acuerdos con los que todas os sintáis conformes, dado que, si ambas partes los consideráis justos, los límites se respetarán y funcionarán mejor. Es importante que siempre les expliques por qué pones ciertos límites, qué ventajas tiene respetarlos y qué pasará si no lo hacen. Cuanto más claro tengan el porqué de una norma, más probable será que la sigan.

Si la resistencia conduce a comportamientos que ponen en riesgo el bienestar de tus amivis o el de otras personas, puede ser útil buscar ayuda profesional. Las personas formadas para comprender el comportamiento adolescente pueden ofrecerte estrategias adicionales y apoyo para desencallar situaciones concretas. Y no olvides que la etapa de resistencia es temporal y una parte natural de llegar a ser adultas. Recordarlo te ayudará a sobrellevarla con más empatía y paciencia.

«Tus normas no son las mías»
Insiste en las consecuencias lógicas y verbaliza el beneficio que obtienen de ellas

Ignorar los límites establecidos es otra reacción típica que puede indicar una falta de conexión con las consecuencias de sus actos o que no entienden o comparten sus motivos. Por ejemplo, una persona adolescente que continúa llevando comida a su habitación a pesar de que las normas familiares establecen que se come en la cocina, muestra una falta de respeto por esas indicaciones que puede provenir del desinterés por las razones que hay detrás de ellas. Es decir, quizá no comprenda el objetivo de no llevarse comida al cuarto o que para esta amivi no tenga sentido esa norma porque no comparte sus motivos.

En estas situaciones, es esencial establecer un diálogo directo y claro, hablar con tus amivis sobre la norma específica que ignoran sistemáticamente y explorar sus emociones y opiniones al respecto. Es importante preguntarles por qué sienten que no es aplicable o por qué deciden ignorarla. Este diálogo puede revelar si hay un malentendido o una falta de acuerdo con los motivos de su aplicación.

Después de escucharlas, cuando conozcas y entiendas su perspectiva, algo que debes transmitirles, tendrás que explicarles lo mejor posible por qué se estableció esa norma. Por ejemplo, si la regla es no llevar alimentos a la habitación, puedes decir «Entiendo que te parece más cómodo y agradable ver tu serie favorita en tu cuarto, a solas, mientras comes» y explicarle que esa norma se puso para evitar plagas de insectos, mantener la limpieza y evitar manchas en la ropa o daños en los dispositivos electrónicos que podrían ser costosos de reparar, o arruinar algo que quiere o le gusta.

Es importante que te asegures de que comprenden el beneficio de estas razones. Si encuentras la utilidad que las normas tienen para ellas, será más fácil que dejen de ignorarlas. Pero recuerda que el proceso no es inmediato y que quizá, por el camino, necesiten encontrarse con la cama llena de migas, algún bicho o que se les caiga la bebida encima del ordenador y se estropee. O quizá descubras que lo que se esconde detrás de comer en su cuarto es que, si cenan con la familia, no las dejáis ver su serie favorita, de manera que puede que tengáis que llegar a un acuerdo sobre eso.

Si tus amivis ignoran los límites, insiste en las consecuencias lógicas de sus actos. Si siguen llevando comida a la habitación, una consecuencia lógica podría ser la responsabilidad de limpiar cualquier desorden o daño. Si el problema persiste, podrías limitar el picoteo o tratar que ciertos alimentos (líquidos, pan…) se consuman únicamente en la cocina. Solo son ideas para orientarte; en cada caso, necesitarás creatividad para atender a las situaciones particulares y buscar lo que te resulta mejor.

La coherencia es fundamental para transmitir la importancia de las normas y las consecuencias de ignorarlas. Asegúrate de visibilizarlas de forma coherente cada vez que rompan la regla o superen los límites. La incoherencia envía mensajes confusos que quizá provoquen que tus amivis se tomen las normas menos en serio o hagan una interpretación libre de ellas. Si observas que la norma parece no tener sentido para ellas o que es difícil de seguir por razones legítimas, puedes ofrecerles alternativas o ajustar la norma de manera que tenga en cuenta sus necesidades y opiniones. A lo mejor esto aumenta su disposición a cumplirla. Por ejemplo, podríais acordar que el fin de semana pueden comer en su cuarto y después comprobar con ellas que todo ha quedado limpio y recogido.

Tratar con personas adolescentes que ignoran los límites requiere paciencia, comunicación y coherencia. Es crucial explicar las razones de las normas, transmitirles el beneficio que tienen para ellas y hablar de las consecuencias lógicas cuando no se cumplen para que vayan desarrollando la responsabilidad y el respeto por la convivencia.

«Tus normas hacen que me sienta atacada»
Regula el estrés y evita la confrontación

Cuando comunicamos límites, hay personas adolescentes que se sienten atacadas o incomprendidas. Es la reacción probable si creen que las restricciones son injustas o que no estamos considerando sus necesidades. La defensividad puede llevar a discusiones acaloradas en las que intentan justificar sus acciones mientras critican unas reglas que sienten como impuestas. Ante su falta de recursos, a veces nos hieren con sus palabras.

Si se ponen a la defensiva, es crucial que acompañes la situación con empatía y estrategia. El primer paso es practicar la escucha activa: presta atención completa a lo que tu amivi está diciendo sin interrumpirla y reconoce sus emociones, ya que mostrar comprensión puede disminuir su defensividad. Por ejemplo, puedes decir: «Entiendo que te sientas frustrada porque tienes que dejar el móvil mientras haces los deberes. Hablemos sobre por qué te sientes así y qué podemos hacer al respecto» (recuerda que tienes que adaptar mis sugerencias comunicativas a tu forma de hablar. No me imites, haz tuyas estas pautas). Será importante que valides sus emociones, aunque no estés de acuerdo con su punto de vista. Comentarios como «Parece que esto te importa mucho» o «Veo que esto te molesta bastante» muestran respeto por su individualidad. La validación es muy efectiva: ayuda a abrir el canal para mantener un diálogo más tranquilo y productivo.

Evitar las confrontaciones es vital si quieres prevenir las escaladas emocionales. No perder la calma, responder con serenidad, mantener las emociones bajo control incluso si tus amivis se muestran muy emocionales o a la defensiva, ayuda a modelar la forma de resolver los desacuerdos de manera respetuosa.

Después de escuchar y entender sus preocupaciones, busca posibles compromisos. Si el conflicto surge por las limitaciones en su tiempo de ocio digital, discutid alternativas que puedan satisfacer tanto tus preocupaciones como sus necesidades, como acordar periodos de tiempo específicos para el uso de dispositivos electrónicos que no interfieran con las horas de sueño o las tareas académicas.

De nuevo, transmite la función que se esconde detrás de las normas. Transmite tus preocupaciones y la lógica de las decisiones que tomas de manera que tengan sentido para tus amivis. Esto puede incluir darles información científica del tiempo excesivo frente a las pantallas sobre los efectos en el sueño o en el rendimiento académico.

Permitir que tomen decisiones dentro de los límites establecidos puede aumentar su sentido de la autonomía y reducir su sensibilidad a ellos. Por ejemplo, podrían elegir cuándo poner la ropa sucia en el cesto de la colada siempre y cuando lo hagan antes de la fecha límite en la que sueles poner la lavadora. La consecuencia lógica de no hacerlo sería no lavarles esa ropa sucia, que tengan que hacer su propia lavadora o que deban esperar al próximo día de colada. Pero esa consecuencia debe dejarse clara de antemano y repetirla cuando se incumpla la norma o se traspase el límite.

Para reducir la sensibilidad de tus amivis respecto a los límites, si es tu caso, es esencial que les transmitas que las normas y los acuerdos de convivencia no pretenden hacerles daño o coartar su libertad. Solo pretenden que todas las personas de la casa estéis lo más cómodas posible, así que el mensaje debe ir siempre orientado a que entiendan que has visto que no se sienten tratadas justamente, que has percibido que están incómodas y a dialogar sobre lo que podéis ajustar para que todas os sintáis mejor.

«Tus normas hacen que quiera escapar»
Entiende los motivos y mejora el clima en casa

Algunas personas adolescentes optan por desaparecer física o emocionalmente para evitar un enfrentamiento directo cuando comunicamos límites. Esta táctica puede indicar que nuestras amivis no se sienten capaces de discutir o negociar los términos de los límites de manera saludable. Por ejemplo, una persona adolescente que anticipa una discusión sobre la hora de llegada a casa podría decidir no volver esa noche para evitar el conflicto que cree que le espera.

Cuando optan por evadirse como estrategia para esquivar conflictos, te están mandando un mensaje: «Tengo miedo y carezco de las habilidades necesarias para resolverlo sin perder el control». Por lo tanto, es crucial que abordes la situación con cuidado. Te será útil centrarte en crear un clima en casa que fomente una comunicación segura, lo que implicará establecer un espacio donde se sientan cómodas para expresar sus emociones y preocupaciones sin temor a represalias. Esto no ocurre de un día para otro, es un proceso en el que tendrás que aprender nuevas formas de acercarte a ellas y comunicarles lo que quieres de manera que se sientan escuchadas y comprendidas.

Si te encuentras en esta situación, otro paso importante es

comprender las razones que subyacen a su necesidad de evitar conflictos. Esta actitud de tus amivis debería animarte a explorar las causas profundas que podrían estar impulsando su necesidad de huir (miedos, ansiedades, presiones...). Puede ser clave para abordar los problemas que surgen sin malinterpretar su conducta («Pasa de mí», «No le importa nada más que ella misma», «Es una egoísta», etc.). Estas reacciones demuestran su falta de recursos para resolver conflictos, y es importante que te centres en ayudarlas a expresar sus necesidades de manera constructiva, escuchar de forma activa y llegar a compromisos. A veces se van para no ponerse agresivas, lo cual es algo que puedes validar: «Es importante para mí que decidas irte para no perder los estribos, te lo agradezco. Veamos cómo hacerlo para que te quedes y hablemos del tema sin insultos». Más adelante te ofreceré algunas pautas que te ayudarán con todo eso.

Para que puedan comprender las implicaciones de evitar las responsabilidades, será esencial que insistas en hablar cuando estén disponibles. Una de tus tareas en estos casos será transmitirles las consecuencias de eludirlas que, como siempre, deben ser lógicas y expresadas en términos que puedan comprender. Estas consecuencias tienen que ser justas, proporcionales a la conducta, y subrayar la importancia de enfrentarse a los conflictos con la intención de resolverlos de la mejor manera posible para todas.

No olvides que eres uno de los modelos de los que aprenden, así que, si te muestras dispuesta a gestionar los conflictos en tu día a día, ellas aprenderán de cómo lo haces. Una perspectiva calmada y constructiva puede proporcionarles valiosos ejemplos.

Si la evasión es un comportamiento recurrente de tus amivis o está vinculado con síntomas de ansiedad o depresión, debes considerar seriamente la posibilidad de buscar ayuda profesional que pueda ofrecer estrategias adicionales y apoyo para desarrollar mejores técnicas para que se enfrenten a lo que les pasa. Tu misión es ayudarlas a abordar los retos que les va poniendo la vida, no evitarlos.

«Voy a poner a prueba tus normas»
Transmite lo que se espera y escucha sus aportaciones

Otra forma natural que tienen las personas adolescentes de poner a prueba los límites es explorar hasta dónde pueden llegar. Esta conducta, que implica pequeñas transgresiones para evaluar las respuestas que damos a lo que hacen o dicen, refleja su interés por las figuras de autoridad y control de su entorno. Nuestras amivis tienen dificultades para entender o evaluar cómo interactuar con o cómo responder a la autoridad y los sistemas de poder establecidos. Esto se debe, entre otras cosas, a varias razones que tienen que ver con las características del momento de desarrollo cerebral por el que pasan.

Durante esta etapa, están forjando su identidad, autonomía y pensamiento crítico, y, a menudo, esto las lleva a cuestionar la autoridad y las normas como una forma de explorar y afirmar su independencia. También es necesario que lo hagan para plantear cambios en el futuro. Son las generaciones que impulsarán las transformaciones sociales venideras.

Esta búsqueda de autonomía puede llevar a malentendidos o conflictos con las figuras adultas del entorno. Recordemos que su cerebro no comprende completamente las consecuencias de sus actos o cómo las otras personas perciben su comportamiento. A medida que intentan adaptarse a las normas y la autoridad, es normal que se produzcan momentos incómodos o tensos. Como adulta que las acompaña y entiende el momento del ciclo vital en el que están, debes interpretarlos en clave de oportunidades educativas para ayudarlas a comprender los límites, no como un ataque personal: cada momento es una oportunidad educativa.

Cuando las personas adolescentes de tu vida ponen a prueba los límites, participan de un proceso natural que forma parte esencial de su desarrollo, y requiere un enfoque cuidadoso por tu parte para no empeorar las cosas. Si lo llevas a lo personal, siempre te sentirás frustrada, puede deteriorarse vuestra relación y no las ayudarás a entenderlos. Recuerda: no es personal, es cerebral. Por eso, en estos casos, es importante que les transmitas con claridad lo que esperas de ellas, para reducir su confusión sobre lo que es aceptable y lo que no. Que no te tiemble la mano a la hora de transmitir esta información. En los siguientes capítulos te mostraré las mejores formas de hacerlo para mantener el respeto mutuo y cuidar la relación.

En estos casos impera también la necesidad de crear un espacio en que tus amivis se sientan libres para expresar sus emociones y dudas acerca de las normas que se van encontrando. Es imprescindible que no las obligues a cumplir tus normas, sino que abras un debate sobre por qué no creen que sean adecuadas y las invites a aportar sus ideas: «Si tenemos que vivir todas en esta casa y todas tenemos que estar a gusto: ¿qué propones para que lo consigamos? ¿Cómo podemos proteger el bienestar de todas las personas que estamos aquí?». Deja que desarrollen sus argumentos sobre los límites que se van encontrando y aporta los argumentos necesarios para que, poco a poco, comprendan el razonamiento que los motiva.

«Tus normas pueden mejorar»
Genera debate y acuerda las modificaciones

Cuando algunas personas adolescentes se encuentran con límites, razonan y argumentan, lo que demuestra un desarrollo cognitivo y emocional avanzado. Si nuestras amivis pretenden entender mejor las normas y negocian ajustes, es que han desarrollado habilidades comunicativas y de pensamiento crítico. Este enfoque constructivo puede provocar cambios en las normas que son beneficiosos para todas las partes involucradas.

Hablar sobre la conveniencia de las normas desde diferentes perspectivas fomenta el pensamiento independiente, crucial para su vida adulta, y acordar modificaciones en ellas promueve la autoestima, ya que, cuando las personas adultas tienen en cuenta sus opiniones, se sienten valoradas. Proceder así también mejora sus aptitudes para negociar y transmite el valor de la colaboración y el compromiso, habilidades interpersonales clave para la socialización.

Es saludable revisar las normas de vez en cuando para asegurarte de que siguen siendo relevantes y razonables, más aún si las personas adolescentes han mostrado interés por revisar y evaluar las existentes, y habéis discutido abiertamente sobre sus propósitos y su eficacia. De este modo, las ayudarás a pensar con una mentalidad crítica en las estructuras de autoridad, algo imprescindible si quieres que hagan aportaciones orientadas a su mejora.

Así que, si tus amivis te presentan argumentos lógicos para ajustar ciertas normas, deberías considerar las modificaciones que te proponen. Hacerlo demuestra el enorme valor del diálogo constructivo y evidencia que las reglas pueden evolucionar como respuesta a argumentos razonados y justos, aunque es crucial que mantengas límites claros sobre lo que es negociable y lo que no. En ambos casos, debatir es una buena idea si las personas adolescentes de tu vida muestran inquietudes al respecto y aportan argumentos al debate. Alentarlas a razonar y preguntar es una forma excelente de prepararlas para la vida adulta, en la que necesitarán una buena dosis de reflexión para resolver mejor las situaciones en las que se encontrarán.

«Tus normas provocan que no te hable o me dejan sin palabras»
Muestra que estás disponible y aclara las expectativas de la comunicación

Algunas personas adolescentes nos regalan su silencio si marcamos límites. Cuando nuestras amivis responden a esto haciéndonos el vacío o quedándose sin palabras, podemos interpretarlo como señal de que están luchando para modular emocionalmente las restricciones impuestas. Esta forma de comunicación no verbal, a menudo llena de frustración o sensación de impotencia, manifiesta su falta de habilidades comunicativas adecuadas para expresar estos sentimientos complejos.

En estos casos, es esencial que mantengas la calma y hagas acopio de toda tu paciencia. Sé que responder con tranquilidad a su silencio puede resultar difícil, pero crear un espacio seguro donde se sientan preparadas para comunicarse es fundamental, y eso no lo conseguirás si te sumas a su silencio o si montas en cólera.

En estas situaciones, puedes comunicarles que estás disponible y dispuesta a escuchar cuando ellas estén listas para hablar. Puedes usar frases como «Entiendo que estás molesta y quizá no quieras hablar ahora, pero cuenta conmigo cuando te sientas preparada para discutirlo». Validar las emociones adolescentes es imprescindible en todos los casos, pero aún más en los que es muy probable que no entiendan lo que sienten. Reconocer que es normal frustrarse o abrumarse por los límites impuestos las ayuda a sentirse comprendidas y menos confusas. Es importante que les comuniques que, aunque esos sentimientos son naturales en situaciones así, el silencio no contribuye a resolver el problema, y que estás allí para llegar a un acuerdo favorable para las dos. Transmite que sabes que es difícil hablar de ello porque no os hace sentir bien, pero que es necesario para cuidar la relación y entenderos.

Te recomiendo que establezcas expectativas claras sobre la comunicación en casa y con la familia. Esto puede ayudarlas a entender poco a poco que el silencio no sirve para nada y que el diálogo ayuda más a resolver problemas que el distanciamiento emocional. En ese caso, puedes proponerles alternativas para expresaros: escribir pensamientos y emociones en una carta o texto de WhatsApp, por ejemplo, les da la oportunidad de reflexionar y comunicarse a su ritmo. Eso sí, no es conveniente mantener conversaciones delicadas por esta vía. Si les das la posibilidad de expresarse así o lo haces tú, debes asegurarte de mantener la conversación en persona *a posteriori*, no a través de mensajes de texto una vez has enviado o leído el mensaje inicial.

Si la conducta persiste y empieza a afectar de forma significativa a la dinámica o el bienestar emocional familiar, quizá deberías buscar la orientación profesional: ofrecen recursos útiles para mejorar la comunicación y abordar las cuestiones subyacentes a los conflictos.

«Acepto tus normas»
Pregúntate por qué lo hace y aumenta la flexibilidad

Algunas personas adolescentes aceptan los límites. Sí, aunque parezca extraño, estas amivis existen. La aceptación de los límites puede ser una señal de madurez y comprensión del propósito que subyace a las normas. Si nuestras amivis aceptan los límites sin oposición, puede indicar que tenemos una buena relación con ellas, que la comunicación fluye y que confían en nosotras, lo cual facilita la cooperación y reduce los conflictos. En estos casos, es crucial que reforcemos esta dinámica que nos facilita la convivencia y que sigamos haciendo lo que hemos hecho hasta el momento. Pero no todo el monte es orégano... Puede que la aceptación de las normas responda a otros motivos que conocerás al final de esta parte y que no son muy favorables para su desarrollo.

Reconocer y validar la madurez que muestran y su cooperación cuando respetan los límites es útil para que sigan haciéndolo. Elogiar o expresar agradecimiento por su actitud respetuosa hacia las reglas establecidas refuerza positivamente la conducta que quieres fomentar. Un comentario apreciativo como «Valoro mucho cómo llevaste ayer nuestra conversación sobre la hora de llegada y tu respeto hacia lo que acordamos», por ejemplo, puede ser muy significativo.

Si consideras que suelen aceptar los límites, puedes ofrecerles mayor flexibilidad como reconocimiento a su autonomía, por ejemplo. Ajustar algunos límites, como extender la hora de regreso a casa durante los fines de semana, muestra confianza en su capacidad para gestionar su libertad de manera responsable.

Como comentaba al principio de este apartado, aunque la aceptación de las normas sin oposición por parte de las personas adolescentes de tu vida puede parecer señal de madurez y buena comunicación, en algunos casos podría indicar problemas subyacentes. La pasividad, la falta de interés o el miedo a dar su opinión, entre otras, podrían esconderse tras esta aparente buena conducta. Estas manifestaciones requieren atención y una estrategia adecuada por tu parte para fomentar el desarrollo saludable durante esta etapa.

Si tus amivis nunca cuestionan las reglas y siempre están de acuerdo, quizá oculten una falta de confianza en ellas mismas para expresar sus sentimientos o pensamientos. Esta conformidad excesiva podría indicar un desarrollo poco saludable de la autoestima o el deseo de evitar conflictos a toda costa, lo cual puede ser indicativo de que temen las represalias o que tienen miedo a decepcionarte, por ejemplo. Una aceptación apática de las normas puede ser también síntoma de desmotivación, lo que podría indicar problemas emocionales o psicológicos más profundos, como la depresión, por ejemplo.

En este contexto, desempeñas un papel crucial para promover un ambiente que fomente la independencia y la expresión personal de tus amivis. Esto implica incentivarlas a participar de forma activa en las discusiones familiares y ofrecerles la oportunidad para que elijan y establezcan algunas de sus propias normas y límites. Crear un ambiente acogedor que les dé seguridad en casa es esencial para garantizar que todas las opiniones se valoren y respeten, y que se entienda que no habrá represalias por expresar desacuerdos o tener opiniones diferentes.

Es importante que estés atenta a cualquier indicio de malestar emocional o estrés psicológico. Cambios en la conducta, falta de interés en actividades con las que antes disfrutaban, un cambio notable en el rendimiento académico o en las relaciones con las amistades pueden ser señal de dificultades que necesitan abordarse. En estos casos, quizá tengas que buscar ayuda profesional.

Conocer y entender las reacciones que las personas adolescentes tienen ante los límites ayuda a responder mejor a sus demandas. Para acompañarlas, deberás desarrollar dinámicas familiares en las que el diálogo, la comprensión y el respeto mutuo sean la norma. En el siguiente capítulo encontrarás las mejores estrategias para ayudarlas a comprender los límites y aplicárselos en este marco. A partir de ahí, se pueden construir relaciones fuertes y apoyar el desarrollo de amivis autónomas y responsables que surquen los mares con libertad y civismo.

11

Las mejores estrategias para el aprendizaje de los límites

En el capítulo anterior hemos visto cómo usar algunas de estas pautas ante las reacciones que las personas adolescentes tienen cuando comunicamos límites. Ya estamos muy lejos del *shallow*, en lo más profundo del océano, tocando la tierra que nutre lo que crece hacia la superficie. Aquí veremos las pautas más eficaces, las que se hallan en la base que nos permite ayudarlas a entenderlos. Pero antes tendrás que aprenderlas tú y entrenar cada día. Si sigues estas pautas con la máxima paciencia, constancia y coherencia posibles, dentro de tu humanidad, tus amivis desarrollarán una comprensión clara de los límites.

Para ejemplificar cada pauta, retomaré el caso de Lola y Emma, justo cuando la madre descubrió que su hija había faltado a clase sin justificación. Recordemos que Lola esperó a que su hija volviese a casa y que se iba poniendo cada vez más nerviosa porque tardaba en llegar. Cuando volvió, le impidió pasar a su cuarto bloqueando el pasillo y acabaron discutiendo y diciéndose cosas muy feas. Por último, Emma se marchó de casa durante días.

Veamos cómo aplicar las pautas a su caso para cambiar este desafortunado desenlace, obviando, claro está, los antecedentes que las habían llevado a esa situación. Recuerda que los ejemplos son solo eso, ejemplos; lejos de imitar mis palabras, te invito a buscar tu propia forma de transmitir lo que te sugiero.

Responder

En primer lugar, entrenemos la capacidad para responder en vez de reaccionar. Cuando detectamos una conducta que requiere comunicar un límite, detengámonos un momento antes de intervenir. Observemos nuestros pensamientos y emociones y los de nuestras amivis sin reaccionar de inmediato a ellos, y esto nos permitirá dar una respuesta más medida y considerada, la que necesitamos para educar los límites en esta etapa sin provocar escaladas. Cuando se saltan una norma o hacen algo que cuestiona los límites, el objetivo es no reaccionar al instante.

Pon una pequeña distancia antes de intervenir para que tu forma de reaccionar no complique más la situación. Sus emociones son intensas, y eso puede provocar conflictos en escalada que te alejen del momento que los ha provocado. Trata cada acto cuando suceda sin complicarlo aún más. Tu misión es buscar la estrategia que mejor te funciona para conseguirlo. Aquí te cuento algunas de eficacia probada.

Respirar hondo, por ejemplo, ayuda a activar el sistema

nervioso parasimpático, lo que reduce el estrés y promueve la calma. La clave está en que el tiempo en que dejas salir el aire sea más largo que al inspirar. Hay muchos más, pero un método simple es la respiración cuatro-siete-ocho: inhala durante cuatro segundos, mantén la respiración siete segundos y exhala durante ocho segundos. Cuando cojas aire, recuerda los mantras: «No es personal, es cerebral», «Cada momento es una oportunidad educativa» y «Me necesita, aunque no lo parezca». En realidad, puedes decirte lo que mejor te vaya en ese momento, siempre y cuando respetes el objetivo: no intervenir al instante.

Estos tres mantras te recuerdan que lo que les pasa forma parte de su desarrollo, que todo tiene potencial educativo y que te necesitan para seguir aprendiendo hasta que se conviertan en personas adultas. Incluso puedes crear tus propios mantras, frases cortas que reformulen la situación. Por ejemplo, en lugar de decirte «No puedo con esto», «Esta niña acabará conmigo» y ese tipo de cosas, puedes optar por «Venga, esto es un reto para mí, pero puedo con ello, me necesita» o «Es un momento difícil, pero también una oportunidad para enseñarle cómo nos relacionamos de forma respetuosa» o «Aún no puede hacerlo sola. Voy a ayudarla para que, en el futuro, lo consiga».

Es muy importante que, mientras te preparas para responder, las observes. Su lenguaje corporal dice mucho sobre cómo están, y el tuyo también transmite cómo te encuentras en ese momento. El cuerpo y el tono de voz son básicos para atender a la situación sin provocar escaladas monumentales. Uno de los mantras que utilices puede ser: «Hablarle con tranquilidad, moverme con tranquilidad». Un tono de voz firme pero natural, y un lenguaje corporal tonificado pero relajado al mismo tiempo pueden reforzar la seriedad de lo que estás diciendo sin estresarlas más. Evita cruzar los brazos, darles la espalda, situarte por encima de ellas, levantar el índice, gritar... Brazos a los lados del cuerpo, mirada directa, foco en ellas y en darles una respuesta educativa.

Busca un entorno en el que podáis hablar sin riesgos. Un espacio privado y tranquilo, sin distracciones, facilita la comunicación y permite que os expreséis mejor y que os centréis en la conversación. Eso quiere decir que tendrás que evitar los espacios que no os lo pongan fácil: en presencia de sus amistades, en su dormitorio, delante de la familia extensa, en un lugar público con muchos estímulos o ruido...

Por ejemplo, si estáis de viaje y se produce un evento en el que debes comunicar límites, pero os encontráis en un mercado con mucha gente, por ejemplo, será mejor esperar a que lleguéis al hotel y darles la indicación «Ya hablaremos luego». Si estáis en una comida familiar y se produce una situación que requiere que recuerdes los límites, será mejor que esperes a estar solas. Si las ves en una plaza fumando con sus amistades y quieres comunicar algo relativo a este tema, en vez de ir directamente a hablar con ellas en ese momento, será más prudente esperar a que vuelvan a casa.

Comunicar límites en esta etapa requiere de una estrategia reflexiva más que reactiva. Responder de forma deliberada en lugar de reaccionar de manera impulsiva es crucial por varias razones que inciden en la dinámica familiar y el desarrollo emocional y conductual de tus amivis. Si te tomas un tiempo, el que necesites, para reflexionar antes de responder, promoverás el respeto mutuo y cuidarás la comunicación. Así evitaréis malentendidos y conflictos innecesarios. Combinando la respiración con estos mantras que ayudan a ver la situación desde otra perspectiva podrás acompañar mejor ese suceso.

Responder en vez de reaccionar garantiza que los mensajes que das sobre los límites sean claros y coherentes. Esto facilita que las personas adolescentes de tu vida comprendan y acepten las expectativas y consecuencias de lo que han hecho. Además, cuando te tomas el tiempo para esperar a que la emoción se regule (la tuya y la suya), puedes pensar en lo que vas a decir o hacer, y después explicar con mayor seguridad y serenidad las razones que te impulsan a decirles que esa conducta debe mejorar.

Cuando entrenas tu capacidad para dar una respuesta en vez de reaccionar emocionalmente de forma desproporcionada las ayudas a desarrollar habilidades de resolución de conflictos y regulación emocional con tu ejemplo. Tus amivis aprenden así a gestionar los desacuerdos constructivamente, habilidades que luego transferirán a otras áreas de su vida. Además, con esta manera de actuar reduces la tensión y promueves el entorno seguro que necesitan para expresarse sin miedo.

Así que la primera pauta es esperar a que las emociones

estén en un lugar que te permita mentalizar y dialogar sin que te dominen. Esto garantiza que, cuando transmitas el mensaje, las ideas estén más organizadas y sean más fáciles de entender. Veámoslo en el ejemplo de Lola y Emma.

Tras descubrir que Emma ha faltado a clase sin justificación, Lola opta por una estrategia reflexiva en vez de reaccionar de forma impulsiva. Antes de que su hija llegue a casa, la madre se calma mediante técnicas de respiración profunda y planifica cómo abordar la charla. Decide centrarse en expresar su preocupación y en entender lo que ha pasado desde la perspectiva de Emma. En cuanto llega, Lola la saluda con cariño y espera a que vaya a su cuarto a guardar la mochila. Deja pasar un rato. Cuando lo cree oportuno, la llama al salón, inicia el diálogo en un tono calmado y la invita a explicar sus razones.

Lola la escucha activamente sin interrumpirla ni juzgarla. Juntas, comentan las consecuencias de faltar a clase y exploran soluciones para evitar futuras incidencias. Entre ellas, por ejemplo, están que Emma se comprometa a hablar con su madre si está estresada o siente un malestar que le quite las ganas de ir a clase. También pueden pactar un horario más flexible para que la chica pueda descansar más si ve que se le acumulan las tareas o si la rutina la abruma. Otra opción sería buscar formas de mejorar la motivación en el instituto, como hablar con el profesorado o explorar alguna actividad extracurricular que le guste y la ayude a sentirse más conectada con el entorno escolar.

MENTALIZAR

En segundo lugar, entrenemos la capacidad para mentalizar. «Mentalizar» es un concepto psicológico que implica la aptitud de entender los estados mentales propios y de las demás personas y reflexionar sobre ellos. Esta habilidad permite reconocer que las acciones, los pensamientos y las emociones se ven influenciados por las creencias, los deseos, los sentimientos y las motivaciones. Entenderlo es crucial para que las interacciones sociales sean saludables, ya que permite interpretar y predecir las acciones de las demás personas basándonos en sus estados mentales, entender y gestionar nuestras reacciones, regular las emociones y comunicarnos de forma empática. También nos hace asumir una perspectiva adecuada sobre los pensamientos y sentimientos de las demás personas y resolver conflictos porque entendemos las intenciones y motivaciones de sus actos.

Por ejemplo, imagina que tenemos a Pablo, un adolescente de quince años frustrado porque debe estudiar en lugar de salir con sus amistades el fin de semana. Aquí es donde el concepto «mentalizar» puede jugar un papel crucial para mejorar la interacción entre él y su madre, a la que llamaremos Carmen. Ella, en vez de pensar «Es que es un vago y no le importa nada más que su físico y sus amigos», reconoce y valida las emociones de su hijo, y le dice, por ejemplo: «Veo que estás molesto por tener que quedarte en casa y estudiar en lugar de salir». Este paso muestra comprensión hacia los sentimientos de Pablo, sin juzgarlos.

Luego, Carmen se plantea por qué Pablo podría estar sintiéndose así. En esa reflexión, considera que su deseo de socializar es fuerte y natural en esta etapa. Desde esta perspectiva, se acerca a él de manera empática y le explica la situación desde un punto de vista más comprensivo: «Sé que es duro tener que quedarte a estudiar cuando podrías estar divirtiéndote. A mí también me frustraría. Pero es importante para los exámenes que vienen. ¿Qué te parece si, como recompensa, montamos algo especial para ti y tus amigos después de los exámenes?».

Además, invita a Pablo a buscar una solución que haga el estudio más llevadero de forma cooperativa: «¿Hay algo que podamos hacer para que el estudio sea un poco más agradable este fin de semana? Tal vez podemos organizar sesiones cortas con descansos, para que no te agobies. O podríamos organizarlo de modo que puedas salir con tus amigos el sábado y el domingo un rato, hasta una hora que te permita levantarte descansado al día siguiente, por ejemplo. O invitar a tus amigos a que vengan a estudiar contigo».

Desde este enfoque, Carmen le transmite que comprende sus motivaciones, como su necesidad de autonomía y conexión social. Utilizando la mentalización, no solo gestiona el escenario inmediato, sino que fortalece su relación y apoya el desarrollo emocional y social de Pablo. Recuerda que son ejemplos y que debes encontrar tu manera de transmitir este tipo de mensajes.

La mentalización se desarrolla a través de varias estrategias, como hacer ejercicios que te ayuden a saber lo que sientes y lo que sienten las demás personas. Si animas a tus amivis a profundizar en lo que piensan y sienten, y a entender que esas situaciones pueden verse de diferentes maneras, las estarás ayudando a mejorar su capacidad de mentalizar. Esto significa que podrán entender mejor sus emociones y las de quienes las rodean, lo que las ayudará a llevar mejor sus relaciones.

Por ejemplo, imagina ahora una situación en la que Juan, un adolescente de quince años, llega a casa frustrado porque ha discutido con su amigo Sergio en el instituto. Su madre, en lugar de consolarlo o darle soluciones rápidas, muestra interés por comprender sus sentimientos y le dice: «Juan, me da la impresión de que estás muy enfadado. ¿Te gustaría contarme qué te ha pasado?». Juan le explica que ha discutido con Sergio porque este ha hecho comentarios despectivos sobre su equipo de fútbol favorito, lo que lo ha llevado a ponerse a la defensiva y gritar a su amigo. La madre de Juan reconoce la importancia de explorar estas emociones y le responde: «Entiendo que te enfadaras... ¿Qué sentiste en ese momento? ¿Hubo otras emociones, además de la rabia?». Su hijo admite que también se sintió herido y no respetado. A continuación, su madre le plantea que considere cómo se habrá sentido Sergio al recibir el grito. Juan reconoce que su amigo probablemente se sintió atacado y quizá también se enfadó.

Este ejercicio le ayuda a ver la situación desde la perspectiva de Sergio y fomenta el desarrollo de la empatía. En el ejemplo, la madre ayuda a Juan a reflexionar sobre sus emociones y a considerar los posibles sentimientos y perspectivas de su amigo. Esto no solo le permite entender sus reacciones, sino que le enseña a ser más empático y a manejar mejor los conflictos en el futuro.

La segunda de las pautas será orientar tus intervenciones hacia y a través de la mentalización, transmitir que entiendes los motivos de tus amivis e invitarlas a ver las situaciones desde otro punto de vista. Apliquemos esto al ejemplo de Lola y Emma.

Mientras Lola espera a Emma, se toma un momento para entender sus emociones iniciales y reflexionar sobre los posibles motivos del comportamiento de su hija. Piensa: «Estoy enfadada y me siento traicionada, pero es una oportunidad para entenderla y ayudarla a mejorar. ¿Qué puede haber llevado a Emma a saltarse la clase? ¿Estará lidiando con algo de lo que no estoy al tanto? ¿Se siente agobiada o presionada de alguna manera?».

Cuando Emma llega a casa, Lola decide abordar la situación con calma. Cuando tiene la oportunidad, le dice: «Me ha llamado tu tutora para decirme que hoy no has ido a clase. Me preocupa que algo te esté agobiando, porque nunca lo habías hecho. Quiero entender lo que ha pasado. No hace falta que me des detalles, si no quieres, pero me gustaría saber si puedo hacer algo para que soluciones lo que te preocupa sin faltar a clase».

Firmeza

En tercer lugar, entrenemos la firmeza. Es esencial cuando establecemos límites porque transmite seguridad y coherencia, dos elementos clave para que nuestras amivis comprendan las expectativas y consecuencias de sus actos. Ser firme establece un marco seguro y predecible en una etapa en la que buscan la independencia y exploran su identidad sin contar con demasiados recursos. La firmeza muestra la necesidad de cumplir una determinada norma o respetar un límite concreto.

Mantenerse firme no es enfadarse, gritar o castigar, aunque implica cierta seriedad. Mostrar una actitud seria en estas situaciones es fundamental para transmitir autoridad (que no autoritarismo) y respeto, y garantiza que el mensaje sea recibido con la importancia que merece: se ha traspasado un límite, que es algo poco agradable, y hay que atenderlo lo antes posible. Muchas veces no querrán hacerlo, nuestra seriedad las incomodará, porque no suele ser agradable que alguien te diga que has cruzado un límite, pero es imprescindible si queremos ayudarlas a entenderlos.

El control del lenguaje corporal es importante para enviar el mensaje de que saltarse el límite tiene un impacto. Mantener una postura erguida y abierta te ayudará a transmitir confianza. Evita gestos como cruzarte de brazos o inclinarte hacia atrás, que pueden mostrar o causar desinterés o miedo. El contacto visual constante también es crucial: muestra que estás comprometida y concentrada en la conversación, y que es importante. A veces es complicado con adolescentes si les cuesta aguantar la mirada, pero sigue buscándola y respeta que no puedan sostenértela.

Utiliza un tono de voz seguro y habla a un volumen natural. Un tono constante y moderado se percibe como sólido y estable. Esto es esencial para que se lo tomen en serio. Exprésate de manera clara y directa: evita divagar o el uso excesivo del humor, que puede restar seriedad al asunto. Mantén la calma, incluso ante la confrontación o la emoción de la otra parte. Responder de forma tranquila y controlada demuestra madurez y autoridad.

Usa un lenguaje apropiado. Selecciona las palabras cuidadosamente, sobre todo si todavía estás entrenando tu asertividad, y opta por un vocabulario que refleje la seriedad de la situación. Evita coloquialismos, jergas o palabras cariñosas. Escucha sin interrumpir para transmitir respeto y mostrar tu posición seria y reflexiva. Anticipar una conversación importante te ayudará preparar los puntos clave de antemano para mantener el enfoque que quieres darle. Es muy importante que muestres un interés real y auténtico en el tema en cuestión: haz preguntas relevantes y propón la búsqueda de soluciones para demostrar que te tomas en serio la situación.

La tercera de las pautas será mantenerte firme cuando comuniques límites para transmitir que saltárselos es algo digno de atención y que puede llegar a ser grave. Esto ayuda a las personas adolescentes de tu vida a comprender que no respetar los límites establecidos tiene implicaciones serias, y que estos son fundamentales para la seguridad y el bienestar de todas las personas, ellas incluidas. Veámoslo en el ejemplo de Lola y Emma.

Antes de que Emma llegue a casa, Lola se prepara: se centra en la respiración, adopta una postura erguida y proyecta un tono de voz calmado y firme. Cuando su hija entra por la puerta, espera un rato antes de empezar a hablar, y elige un momento tranquilo para hacerlo. Se asegura de mantener el contacto visual todo lo posible, aunque Emma a veces le rehúye la mirada. Le dice, por ejemplo: «Sé que es duro mirarme a los ojos ahora, quizá te sientas incómoda. Me gustaría que lo hicieras para asegurarme de que me explico bien y para entenderte mejor».

Lola explica con claridad lo que le preocupa: «Entiendo que a veces sientas la necesidad de tomarte un descanso para enfrentarte a problemas que desconozco, pero es importante que hablemos de estas emociones en vez de evitar las responsabilidades, aunque no es necesario que me cuentes detalles de lo que te pasa, si no quieres. Faltar a clase tiene consecuencias para ti y puede hacerte daño. Vamos a encontrar juntas una manera de resolver lo que te preocupa para que no tengas que pasarlo mal en el instituto o fuera de él. Sé que puedes solucionarlo sin faltar a clase».

Lola usa un lenguaje bien seleccionado para expresar tanto sus inquietudes como su confianza en las capacidades de Emma. A lo largo de la conversación, la madre escucha activamente, sin interrumpir lo que su hija quiere decirle, y responde de forma considerada a los comentarios que le hace. Transmite un compromiso serio con el bienestar emocional y académico de su hija y queda disponible para ayudarla, si ella lo requiere.

Coherencia

En cuarto lugar, entrenemos la coherencia, un pilar esencial del aprendizaje de los límites en la adolescencia (y de la educación en general). Proporciona a nuestras amivis un entorno claro y predecible básico para su desarrollo emocional y de conducta. Gracias a la coherencia, comprenden lo que se espera de ellas y se crea un ambiente de estabilidad y seguridad esenciales para la exploración y la construcción de la identidad en esta etapa.

Promueve la confianza, facilita el aprendizaje y ayuda a las personas adolescentes a establecer conexiones claras entre sus acciones y las consecuencias que estas conllevan. Cuando eliminamos la incertidumbre sobre las expectativas, se reducen la ansiedad y la confusión. Esta previsibilidad en la comunicación de los límites conduce al respeto mutuo y al desarrollo de la autonomía adolescente.

Es vital que cumplas con los compromisos que adquieres, y más si les pides que cumplan con los que ellas adquieren. Hacer lo que prometes te convierte en una persona más fiable, y que tus acciones reflejen lo que dices y piensas hace que te perciban como una persona coherente.

La coherencia ayuda a mantener relaciones de confianza. Para transmitir la máxima coherencia posible a tus amivis es crucial que seas explícita sobre lo que esperas de vuestras interacciones. Debes asegurarte de que las dos partes entendéis desde el principio los objetivos y límites de las relaciones y las conversaciones que tenéis. La coherencia se nutre de la escucha activa. La máxima es prestar atención a lo que tus amivis te dicen y comprobar que las respuestas que les das reflejan que comprendes lo que te dicen.

Por ejemplo, puedes decir: «Cariño, para mí es importante que nuestras conversaciones sean lo más honestas posible. Si hay algo que te preocupa, quiero que sepas que estoy aquí para escucharte y ayudarte a encontrar soluciones, no para criticarte. ¿Podemos hablar de lo que te preocupa?». O: «Cariño, cuando hablamos de tus estudios, quiero que sepas que mi intención es apoyarte, no presionarte. ¿Podemos hablar sobre cómo te sientes en el instituto y ver en qué puedo ayudarte?».

Tus palabras y acciones deben mantenerse a lo largo del tiempo. Si cambias de opinión cada dos por tres, sin razones claras, las confundes y debilitas la confianza que hay entre vosotras. En caso de que lo hagas, argumenta el cambio, explícales por qué ahora ya no piensas igual. Tus acciones y decisiones deben reflejar tus valores fundamentales. Ser fiel a tus principios demuestra integridad y fomenta el respeto. Si necesitas ajustar tus expectativas o cambiar de postura, es importante que transmitas con claridad los motivos que te llevan a ello, cómo estos ajustes se relacionan con tus posturas anteriores y cómo has llegado a esta nueva conclusión. Cuando quieras hacer excepciones a las normas, es importante que te asegures de explicar por qué es necesario hacerlas y cómo se relacionan con tus prácticas habituales.

El cuaderno que te invité a tener junto a ti durante la lectura será un gran compañero en esta travesía. Llevar un registro de tus compromisos previos y de lo que hayas comunicado te ayudará a mantener la coherencia en futuras interacciones con tus amivis. Ten presente que dejar las cosas por escrito te ahorra los despistes de la memoria. A veces la situación no lo pone fácil, pero tienes una oportunidad de oro para crear un pequeño hábito diario que te ayudará durante la etapa, si quieres y dispones de opciones para ello, o bien puedes crearlas.

La cuarta de las pautas va de ser coherentes. Les ofrece a tus amivis un entorno claro y predecible, elimina la incertidumbre sobre las expectativas, facilita el aprendizaje y las ayuda a relacionar las acciones con sus consecuencias. Para mantenerte coherente, es esencial que defiendas tus valores y sostengas los límites que hayas comunicado sin cambiarlos continuamente. Veámoslo en el ejemplo de Lola y Emma.

Lola está enfadada y se siente traicionada porque Emma ha faltado a clase sin decirle nada. Tras respirar hondo y calmarse, espera a que su hija regrese a casa. Durante ese tiempo, reflexiona sobre cómo ha actuado en el pasado cuando Emma se ha saltado los límites. Recuerda que una de las cosas que siempre le ha transmitido, y que para ella es muy importante, es que tiene que avisarla de los cambios de planes. Es algo que ella también hace con Emma, y lo han mantenido siempre.

Cuando llega su hija, después de un rato, Lola la invita a hablar sobre lo sucedido. En vez de comenzar con reproches, expresa su preocupación con claridad y le recuerda lo importante que es para ella que la avise de sus cambios de planes. Le indica que ella siempre lo hace y que, en ocasiones anteriores, también ella lo ha hecho. Le pregunta con calma por qué no la ha avisado esta vez y deja que Emma se explique. Tras escucharla sin interrupción, la madre reafirma la importancia de comunicárselo si cambia de planes y después hablan de las consecuencias de no asistir a clase.

Constancia

En quinto lugar, entrenemos la constancia. Ser constante conlleva mantener la regularidad en las acciones, los comportamientos, los principios o los esfuerzos a lo largo del tiempo. En términos generales, ser constante implica la capacidad de adherirse a un conjunto de normas o un plan de acción sin desviarse mucho, sin importar las circunstancias externas. Cuando intentamos que las personas adolescentes de nuestra vida desarrollen la capacidad de responsabilizarse y entiendan los límites, es esencial darles los mismos mensajes o proceder de una manera concreta, siempre la misma, cuando se los salten.

Gracias a este enfoque, son capaces de desarrollar su autocontrol y sus habilidades para la toma de decisiones. La constancia al aplicar límites refuerza su importancia y les transmite que pueden confiar en que actuaremos de forma justa y previsible, lo que es esencial para su estabilidad emocional y fomentar un ambiente de respeto. Pero primero necesitamos haber establecido unas bases claras, unos objetivos y unas expectativas concretas.

Tener rutinas y normas acordadas y preestablecidas, si es posible, te ayuda a ser constante. Te permiten saber a qué atenerte en el día a día, dónde debes mirar, y son el mástil que sostiene tus velas, los cabos que las atan, el faro que te guía para no perderte en la intensidad adolescente. Ellas te permiten ser constante con tus amivis. Vuelves a las rutinas, a las normas, una y otra vez. Las revisáis juntas si es necesario, pero siempre vuelves a ellas.

En el día a día, puedes experimentar cambios en tus decisiones, tus planes pueden modificarse, tu situación puede transformarse, y es importante que entiendas que ser constante también te permite pararte o desviarte un momento de la ruta y acoger una máxima: la vida es movimiento, y todo puede cambiar en un instante.

Informar a tus amivis de los cambios te ayuda a prevenir malentendidos. Si necesitas reorganizarte y crear nuevas normas, si tus límites cambian, si tu situación se transforma, hablad de ello y llegad a nuevos acuerdos. Ser adaptables sin comprometer tus principios es crucial, más aún cuando las circunstancias cambian.

La quinta de las pautas va de ser constante en lo que haces a diario con las personas adolescentes de tu vida. Te invita a seguir procedimientos similares y duraderos en el tiempo cuando les comunicas los límites, aunque sin caer en la rigidez. Veámoslo en el ejemplo de Lola y Emma.

Supongamos que, en el pasado, Lola había acordado con Emma la norma de que, si faltaba al instituto sin una razón de peso, habría ciertas restricciones, como sustituir la salida de esa tarde con sus amistades por dedicar tiempo a ponerse al día con los apuntes de esa jornada. Lola le recuerda el trato y comunica la línea de acción tras descubrir la ausencia injustificada de Emma, se mantiene firme ante la consecuencia prevista y transmite la importancia de atender a las tareas académicas para ponerse al día y no descolgarse del resto de la clase. Como nunca había pasado, Lola le recuerda que, en el futuro, si falta de nuevo, tendrá que hacer lo mismo.

VALIDACIÓN

En sexto lugar, entrenemos la validación, una pauta básica en nuestras relaciones, y muy necesaria si queremos comunicar límites sin provocar escaladas descomunales. Validar las emociones y necesidades de nuestras amivis no implica necesariamente aprobar su comportamiento o estar de acuerdo con ellas, sino reconocer y aceptar sus sentimientos como legítimos y comprensibles. Esto es crucial para mantener un ambiente cooperativo protagonizado por el diálogo.

Cuando validamos, hacemos que las personas adolescentes se sientan escuchadas y comprendidas, de manera que se produce una menor resistencia a nuestra persona. La validación reduce la defensividad, disminuye los conflictos y hace que nos centremos en lo que importa: entender las necesidades propias y las de las demás personas. Si nuestras amivis sienten que sus experiencias y emociones son reconocidas, son más propensas a compartir abiertamente sus pensamientos y preocupaciones.

Validar las emociones y necesidades adolescentes implica mostrar un interés auténtico por sus palabras y su estado emocional. Asegúrate de no interrumpir cuando te estén contando lo que sienten ni emitir juicios precipitados. Esto facilita la comunicación y les muestra que valoras sus pensamientos y sentimientos. Transmitir que has entendido sus emociones también es crucial. Haz comentarios que muestren que comprendes lo que sienten y que sus experiencias son significativas, como: «Parece que eso te hizo sentir muy frustrada», «Entiendo que te sientas así, después de lo que pasó», «Veo que esta relación es muy importante para ti». Necesitan tu apoyo continuo y saber que estás disponible para ayudar y entender, no solo para establecer y hacer cumplir las normas.

La sexta de las pautas consiste en dar espacio y validar las emociones que sienten, sin que por ello justifiques su conducta. Transmitir que sentirse de ese modo es natural en las situaciones que han provocado esas emociones te ayudará a empatizar y construir la confianza que necesitas para acompañarlas. Este enfoque facilita la comunicación y permite que tus amivis se sientan seguras para expresar lo que sienten sin temor a ser juzgadas o reprimidas. Veámoslo en el ejemplo de Lola y Emma.

En el escenario cargado de emociones que nos acompaña desde el inicio del libro, en el que se descubre que Emma ha faltado a clase sin justificación, Lola podría aplicar la validación emocional con ella misma y también con su hija. Lo primero sería reconocerse que la conducta de Emma le ha hecho daño, dar espacio a esa frustración e impotencia que siente y entender esas emociones como parte de la sorpresa que ha supuesto enterarse de que su hija no ha contado con ella y no ha respetado algo que considera importante. Debería darse permiso para sentirlas y entenderlas: «Es natural que me preocupe que mi hija no haya ido a clase y no me lo haya contado. Es natural que me sienta dolida por ello y que esté enfadada por haber faltado a una de nuestras normas». También se da un tiempo para entender las emociones de Emma: «Es normal que no me lo haya contado, quizá se avergüence o tenga miedo de decepcionarme o de mi reacción. A lo mejor no sabe cómo decírmelo».

A pesar de las emociones que siente, Lola se toma un momento para regularse antes de abordar la situación con Emma. Sabe que es la adulta de la relación, y eso implica reconocer que, aunque la situación pueda frustrarla, preocuparle o entristecerla, su responsabilidad es regular primero sus emociones. Al hacerlo, se asegura de que su respuesta no esté dominada por impulsos ni reacciones negativas. Entiende que, como adulta, su papel es crear un espacio seguro y abierto al diálogo, en vez de actuar desde la rabia o el descontrol.

Cuando Lola aborda el tema con Emma, inicia la conversación con un tono suave pero firme, y expresa sus sentimientos sin acusarla directamente: «Emma, me he preocupado mucho cuando he sabido que no habías ido a clase. No puedo evitar sentirme triste porque sé que es importante para tu futuro, y frustrada porque no me lo has dicho. Me gustaría entender qué te ha llevado a tomar esa decisión. Quizá sentías miedo de que te obligara a ir a clase o no supieses cómo decirme que no querías ir».

Al escuchar con atención, Lola permite que su hija le explique sus razones sin interrumpirla, y muestra empatía por sus sentimientos: «Entiendo que puede haber días difíciles. Es natural que necesitases hacer algo para calmar tu malestar. Parece que estás pasando por un momento complicado, y es comprensible que te sientas agobiada. Todas tenemos días en que nos gustaría escapar de nuestras responsabilidades».

Desde ahí podremos trabajar en su bienestar emocional y la mejora de la conducta. Si Emma no se siente comprendida ni apoyada, será complicado que la escuche o quiera compartir nada más con ella. A partir de ese momento, se establece una plataforma para discutir las consecuencias de sus acciones y las expectativas de manera más abierta y menos confrontativa.

Acuerdos

En séptimo lugar, entrenemos la capacidad para llegar a acuerdos. Los acuerdos juegan un papel esencial si acompañamos a adolescentes, en concreto cuando se trata de establecer y comprender los límites. Fomentan la participación de nuestras amivis en el proceso, lo que no solo aumenta la probabilidad de que respeten los límites, sino que les permite desarrollar habilidades valiosas para su vida adulta, como la negociación o la toma de decisiones. Cuando participan del proceso, se les transmite que se tienen en cuenta sus opiniones y necesidades, lo que promueve la cooperación, otra de las pautas que veremos más adelante.

Establecer acuerdos efectivos con adolescentes requiere que te centres en el diálogo, y el primer paso es iniciar una conversación sobre las expectativas y razones que motivan los límites. Es importante permitir que expresen sus pensamientos, deseos y preocupaciones. La idea es que lleguéis a un punto común en el que las dos partes os sintáis satisfechas. De eso va convivir, de eso van las relaciones: de compartir un espacio y tiempo determinados de forma que ambas partes os sintáis lo mejor posible, de disfrutar de un lugar en el que podáis ser vosotras mismas sin dañaros ni dañar a quienes se encuentran también en él.

Para llegar a acuerdos, será imprescindible que te aproximes a tus amivis desde la humildad. Expresa tus necesidades y escucha las suyas. Habla de tus emociones y presta atención a las suyas. Muéstrate favorable a conseguir lo mejor para todas. Argumenta los motivos de lo que pides o necesitas. Hazles propuestas, escucha sus contrapropuestas, valóralas, propón las tuyas, y así, llenando el proceso de argumentos, validación, necesidades y motivos, conseguirás llegar a un lugar en el que ambas partes estéis conformes.

La negociación es un componente esencial en este proceso. A veces os pondréis de acuerdo enseguida, pero en ocasiones os costará. En todo caso, esfuérzate en encontrar ese punto medio que respete las necesidades de las dos. Además, es vital que las consecuencias de no cumplir con los acuerdos a los que lleguéis sean claras y podáis negociarlas, si es necesario. Ten siempre presente que las consecuencias deben ser lógicas. Si no las recuerdas, repasa el capítulo en el que te he hablado de ellas.

La séptima pauta es una de las más importantes. Indica que están creciendo y que empezarán a tomar sus propias decisiones. Buscar los acuerdos te sitúa en un lugar en el que debes empezar a darles espacio para que puedan construir su vida de la forma más segura posible. Los acuerdos formarán parte de su vida adulta porque la convivencia con las personas con las que te relacionas se basa, entre otras cosas, en los acuerdos a los que eres capaz de llegar. Veámoslo en el ejemplo de Lola y Emma.

Lola invita a Emma a sentarse y a hablar de lo ocurrido usando algunas de las pautas anteriores. Expresa su preocupación de manera que su hija se sienta invitada a compartir su punto de vista sin temor a un juicio inmediato. Para ello, Lola inicia la conversación reconociendo sus sentimientos, pero también mostrando disposición para entender los de Emma. Podría hacerlo así, por ejemplo: «Sé que probablemente hay una razón por la que has decidido no ir a clase. Me siento herida porque no me lo has contado y preocupada porque no sé si estás viviendo una situación difícil. Es importante para mí que podamos confiar la una en la otra y solucionar juntas los problemas que surjan».

Tras escuchar a su hija, si ella comparte lo que le sucede o el motivo por el que ha faltado a clase, Lola le propondrá un acuerdo para prevenir futuras situaciones similares y estimular la comunicación: «Entiendo que hoy ha sido un día difícil para ti y que tal vez has sentido que no podías ir a clase. Es crucial que hablemos sobre otras formas de actuar en días difíciles. ¿Qué te parece si acordamos que me llamarás o me enviarás un mensaje si te sientes incapaz de ir al instituto? O lo que veamos entre las dos. ¿Se te ocurre algún código que podamos crear para que no se repita? Así podré apoyarte y, juntas, buscaremos soluciones cuando vivas un momento de este tipo».

Cooperación

En octavo lugar, entrenemos la capacidad de cooperar. En la tarea de educar acompañando a las personas adolescentes de nuestra vida para que comprendan los límites, son esenciales la cooperación y la búsqueda conjunta de soluciones. Estos enfoques facilitan el proceso, haciéndolo más amigable y menos confrontativo, y brindan beneficios significativos tanto para el desarrollo de nuestras amivis como para la calidad de nuestra relación con ellas.

Involucrarlas en la creación de soluciones y normas las hace sentirse empoderadas y fomenta su autonomía y su sentido de la responsabilidad. Este empoderamiento es básico para su desarrollo personal y social.

La cooperación permite el desarrollo de habilidades útiles para la resolución de conflictos, y las ayuda a ver y analizar los problemas desde múltiples perspectivas, así como considerar diversas soluciones, habilidades prácticas en todos los aspectos de la vida. Además, si te posicionas a su lado para conseguir un objetivo común, aumentarán la confianza y el respeto mutuos, pilares fundamentales para una relación saludable y duradera.

Fomentar la cooperación implica diálogo, empatía y ser capaces de crear un entorno de apoyo mutuo. Puedes decir: «¿Qué te parece si intentamos solucionarlo juntas? Puedes darme tus ideas y yo te daré las mías. Seguro que encontraremos lo mejor para las dos». O: «Me interesa tu opinión sobre esto. ¿Cómo crees que podríamos resolverlo?». Puedes dejar claro que el objetivo es común diciendo, por ejemplo: «Nuestra misión es asegurarnos de que te sientas mejor y resolver el problema. ¿Podemos pensar en algunas estrategias que nos ayuden a conseguirlo?», «Vamos a intentar resolverlo de manera que funcione para las dos. ¿Qué necesitas de mí para que esto sea más manejable?».

Si están muy bloqueadas, también puedes ayudarlas a ver sus opciones diciendo: «Hay varias formas de abordarlo, veamos cuál te parece que podría funcionar mejor para ti». O: «¿Quieres intentar resolverlo tú primero o prefieres que lo hagamos juntas desde el principio?».

La octava pauta va de colaborar para resolver los conflictos, de darles la oportunidad de aportar sus propuestas para resolver los problemas que surgen en el día a día. Veámoslo en el ejemplo de Lola y Emma.

Después de entender lo que siente y regularlo, tras reflexionarlo un rato, Lola opta por abordar el problema desde una perspectiva de colaboración y comprensión. Comienza expresando su preocupación y escucha la versión de la historia de su hija. Juntas, exploran las razones que la han llevado a faltar a clase. Lola valida los sentimientos de Emma y reconoce que, a veces, enfrentarse al instituto puede parecer abrumador. Tras entender la perspectiva de su hija, hablan de las consecuencias que puede tener no asistir y de cómo actuar ante situaciones similares en el futuro. Emma da varias opciones y Lola, otras tantas. Acuerdan que la chica intentará hablar con su madre cuando se sienta incapaz de ir a clase y, juntas, establecerán un plan de actuación cuando Emma esté luchando con algo que no se atreva o no pueda contarle a Lola.

Asertividad

En noveno lugar, entrenemos la asertividad, que desempeña un papel vital en la comunicación de límites durante la adolescencia. Comunicar límites de manera asertiva garantiza que los mensajes sean claros. El enfoque asertivo nos permite mantener el respeto hacia nosotras al mismo tiempo que lo mostramos hacia nuestras amivis. Para entrenar la asertividad, es importante autoevaluarnos si queremos entender nuestro estilo de comunicación e identificar áreas de mejora. Es crucial practicar la expresión de pensamientos, emociones y necesidades de manera clara y directa.

Para ser más asertiva es importante que uses el «yo» en vez del «tú». Las personas adolescentes suelen reaccionar mejor si dices «Cuando me parece que no estás prestando atención a lo que te digo, me siento frustrada. Me gustaría que me mirases a mí en lugar de al móvil cuando hablamos», que si les sueltas «Nunca me escuchas cuando te hablo». También resulta más efectivo validar antes que dar soluciones. Es decir, obtendrás mayor predisposición por su parte si dices «Entiendo por qué te hace sentir triste esta situación. ¿Quieres hablar sobre lo que quizá te haría sentir mejor?» que si sentencias «Deberías pensar en positivo».

En lugar de lanzar una crítica, es más útil mostrar reconocimiento y orientarlas a la acción. Por ejemplo, es mejor decir «Aprecio el esfuerzo que has puesto en ordenar tu cuarto. Para la próxima, sería genial que fregases el suelo» que «No has fregado el suelo». En vez de interrogarlas sobre las tareas que deben hacer, es más interesante lanzarles una pregunta abierta de proceso. Es decir, puedes sustituir «¿Has hecho ya los deberes?» por «¿Cómo van los deberes? ¿Hay algo en lo que necesites ayuda o que te gustaría que revisásemos?».

Con tus amivis, siempre será mejor proponer opciones que imposiciones. Por ejemplo, las frases «¿Crees que sería útil estudiar un poco cada tarde o prefieres hacer sesiones más largas durante el fin de semana? ¿Qué método crees que funcionaría mejor para ti?» son más efectivas que «Deberías estudiar más». De la misma forma, si te muestras colaboradora en vez de autoritaria, conseguirás mejores resultados. Si dices «Arregla tu ropa ahora mismo» no tendrás el mismo recibimiento ni estarás dando el mismo ejemplo que si preguntas «¿Qué te parece si dedicamos el sábado por la mañana a organizar tu armario? Podemos hacerlo juntas y, después, montar algo chulo por la tarde, si no tienes planes».

Una de las cosas que solemos hacer las personas adultas y que debemos revisar si queremos ser más asertivas —y no es nada recomendable, porque nos impide conectar con nuestras amivis— es mostrarnos indiferentes ante sus quejas. Con las adolescentes, siempre será mejor evitar frases como «Todo el mundo tiene que hacer cosas que no le gustan» y sustituirlas por «Entiendo que no es lo más divertido del mundo. Es un rollo que a veces tengamos que hacer cosas que no nos gustan. ¿Cómo podemos hacerlo más llevadero, si hay que hacerlo de todas formas?».

En el camino hacia la asertividad, no escatimes las expresiones de apoyo incondicional y cambia el «Si tus notas no mejoran, habrá consecuencias» por «Estoy aquí para apoyarte en los estudios. No importa lo que pase, sino cómo lo solucionamos para que estés mejor. Vamos a ver cómo mejorar las cosas y asegurarnos de que te sientas preparada para los exámenes».

La novena pauta tiene que ver con empezar a practicar técnicas de comunicación más efectivas que los imperativos. La comunicación asertiva, además de todas estas estrategias, tiene muchas otras que te ayudarán a expresar lo que necesites, mantenerte firme en los límites y transmitir tus necesidades. Encontrarás muchas más en mis libros anteriores. Veamos, en el caso de Lola y Emma, las que hemos tratado en este punto.

Cuando Emma vuelve a casa, en lugar de confrontarla con acusaciones que podrían hacer que se pusiera a la defensiva, Lola opta por iniciar la charla mostrando comprensión y preocupación. Se sienta con su hija y le dice: «Me he preocupado mucho cuando he sabido que no habías ido a clase. Es importante para mí que estemos alineadas y que pueda apoyarte cuando pasas por momentos difíciles. ¿Podemos hablar sobre lo que ha sucedido?». Después de escuchar a Emma, puede continuar con algo como: «Entiendo que no te apetezca y que a veces tomes decisiones como esta. Seguro que tenías un buen motivo para ello, y me gustaría entenderlo y asegurarme de que cuentas con el apoyo que necesitas. ¿Hay algo que yo pueda hacer para que te sientas más preparada o cómoda para ir a clase?». E incluso puede añadir: «Estoy aquí para apoyarte, no solo académicamente sino también a nivel emocional. Hablemos de cómo podemos mejorar las cosas para que no lo pases mal en el instituto. ¿Qué te parece si buscamos juntas una manera de comunicarnos cuando te sientas abrumada o necesites evitar el insti? Aunque no me expliques los motivos, puedes enviarme un mensaje, si sientes que no puedes asistir, y podemos hablar sobre ello antes de que tomes una decisión».

Modelaje

En décimo lugar, entrenemos la capacidad para modelar. Modelar es dar ejemplo a través de nuestras acciones. Cuando modelamos comportamientos o actitudes, estamos mostrando a nuestras amivis cómo actuar en situaciones diversas. En esencia, el modelaje es una forma no directiva de educar gracias al cual las personas aprendemos y adoptamos comportamientos observando a las demás, especialmente a aquellas a las que respetamos o admiramos. No podemos esperar que hagan lo que nosotras nunca hemos hecho y no han tenido la oportunidad de ver en nadie más o en ningún lugar. Si tú no eres su modelo, la tele, las redes, sus amistades, las familias de estas, etc., harán esa labor por ti.

La adolescencia es muy curiosa y está ávida de aprendizajes. En esta etapa, dar ejemplos que inspiren es muy importante. Las personas adolescentes de tu vida empezarán a imitar conductas que ven en sus iguales o en otras personas adultas como parte del proceso de construcción de su identidad. En esta etapa (y durante toda la infancia, por supuesto), tienes la gran oportunidad de enviar mensajes claros sobre los valores que te caracterizan, y es fundamental que lo hagas, porque la competencia es enorme. Coexistirás con sus amistades, iguales, docentes, influencers, artistas, deportistas… Todas esas personas modelarán conductas hacia las que tus amivis se sentirán atraídas. Vale la pena que seas consciente de ello y que hagas algo al respecto.

El modelaje desempeña un papel fundamental en la tarea

de ayudarlas a comprender y respetar los límites. Aunque a menudo no lo admitan, observan y emulan las conductas de las personas significativas de su vida. Si eres esa persona para ellas, tienes la oportunidad de inspirarlas con tu forma de vivir y relacionarte. Cuando muestras respeto por los límites, enseñas a hacer lo mismo. Si abordas los conflictos con calma y respeto, aprenden a valorar el diálogo por encima del enfrentamiento.

Este modo de resolver los desacuerdos de manera constructiva, sin recurrir a la ira o la evasión, las ayuda a desarrollar habilidades esenciales de resolución de problemas que pueden aplicar en sus interacciones. Cuando estableces y mantienes tus límites, las estás ayudando a comprenderlos y a establecer y mantener los suyos. Cuando te ven practicar el autocuidado y cuidar de tu autoestima, aprenden a valorar y respetar su bienestar y el de las demás personas.

Una de las claves para el modelaje de los límites está en cómo te comportas en situaciones en las que se han visto comprometidos. Cuando se rompe un acuerdo o se incumple una norma, es esencial cómo abordes la situación. Centrarte en la solución y aproximarte a ellas asertiva y respetuosamente, sin minimizar la importancia del límite ni recurrir a castigos desproporcionados, las ayuda a entender que es importante y que unas respuestas son más adecuadas que otras.

Para convertirte en modelo en el día a día, es crucial que comuniques con asiduidad tus emociones y necesidades de forma saludable. Por otra parte, mantén la coherencia en las normas y expectativas que tengáis en casa, trata a todas las personas de la familia con respeto, de forma justa, y refuerza la idea de que todas merecen esa dignidad. En esta tarea, es de vital importancia reconocer tus errores y disculparte cuando sea necesario. Así modelarás la aceptación de tus responsabilidades y la humildad.

La décima pauta tiene que ver con utilizar la manera de vivir para inspirar a tus amivis, sembrar un ejemplo en la vida cotidiana para que tengan una estructura clara de cómo ser persona y mostrarles una imagen lo más nítida posible de los valores que te gustaría que formasen parte de su vida. No es tan complicado como parece. Se trata de tener claros los valores que defiendes y actuar en consecuencia cada día, teniendo en cuenta tu humanidad.

En el caso de Lola y Emma, todas las formas de atender la situación que hemos estado viendo modelan el abordaje de los límites desde esta perspectiva. En todas ellas se tienen en cuenta ambas partes, se da espacio para que cada una comunique sus necesidades y emociones, se transmiten los motivos de la conducta y los que indican que esta debe mejorar, además de sus consecuencias, y se proyectan alternativas para el futuro, es decir, otras opciones para tratar la situación si vuelve a producirse.

Reflexión

En decimoprimer lugar, entrenemos la capacidad para reflexionar y hacerlas reflexionar, imprescindible para ayudar a nuestras amivis a pensar sobre sus acciones, entender las consecuencias de sus actos y considerar cómo sus decisiones afectan al entorno. La reflexión fomenta el desarrollo de la comprensión propia y la empatía, capacidades esenciales para el desarrollo emocional y social.

Cuando te encuentres ante situaciones en que se transgreden los límites, es importante que crees un espacio que promueva la reflexión en vez de imponer consecuencias. Esto se puede lograr mediante un enfoque que enfatice el diálogo y la comprensión recíproca. Por ejemplo, imagina que Irene ha faltado al respeto a Maribel, su madre, durante una discusión. En un caso como este, es más educativo y provechoso para la relación y el aprendizaje de los límites mantener una charla reflexiva que explore los motivos del comportamiento de Irene y la repercusión de sus acciones.

Primero es esencial asegurarse de que tanto Maribel como Irene están reguladas emocionalmente para que la conversación sea constructiva. Maribel podría empezar con preguntas abiertas del tipo: «Me ha dolido mucho lo que has dicho antes. ¿Qué te ha llevado a decirme eso?». Las preguntas abiertas permiten que las personas adolescentes empiecen a explicarse por donde quieren o pueden en ese momento.

Dejar que transmitan cómo se sienten y reconocer sus emociones ofrece una mejor perspectiva de las preocupaciones y los motivos que han llevado a Irene, en este caso, a actuar de esa forma. Recuerda en este punto que a las personas adolescentes les cuesta controlar los impulsos, y que las emociones intensas provocan que digan o hagan cosas que en realidad no quieren decir o hacer. Todo esto te lo explico con detalle en mis libros anteriores.

A medida que el diálogo progresa, Maribel invita a Irene a considerar el impacto de sus palabras o acciones, tanto en sí misma como en las demás personas. Podría plantear preguntas reflexivas: «¿Cómo crees que tus palabras podrían haber afectado a tu amiga Clara?», «¿Cómo crees que te hubiese afectado a ti que alguien a quien quieres te hubiese dicho algo así?» o «Si te encontraras en una situación similar, ¿qué harías de otra manera?» son útiles para fomentar el desarrollo de la empatía y que piensen en el alcance de sus palabras. Nuestras amivis no siempre reaccionarán bien a estas preguntas, pero habremos sembrado en ellas la semilla de la reflexión.

Maribel podría acabar animándola a pensar entre las dos en algunas estrategias para prevenir incidentes similares en el futuro. Podría establecer normas claras de comunicación y comportamiento en casa y discutir maneras en que ambas pudiesen expresar desacuerdos o frustraciones de forma respetuosa. Promover la reflexión las ayuda a resolver conflictos específicos relacionados con los límites y facilita el desarrollo de habilidades esenciales para la autorregulación y las relaciones interpersonales a lo largo de la vida.

Construir preguntas reflexivas implica motivar a tus amivis a plantearse en serio sus experiencias, acciones y emociones. Este tipo de preguntas están diseñadas para fomentar la introspección, y les permiten explorar sus ideas y motivaciones más allá de respuestas superficiales.

Para que puedas formular buenas preguntas reflexivas, tienen que cumplir una serie de características: incitar a mirar hacia dentro y examinar experiencias, pensamientos y emociones, y ayudar a conectar experiencias con ideas más amplias o valores personales. Las preguntas reflexivas son preguntas abiertas que no tienen una respuesta correcta o incorrecta, lo que permite explorar diferentes aspectos de una situación o de vuestros sentimientos sin sentiros limitadas por unas expectativas concretas.

Una buena pregunta reflexiva puede hacer que tus amivis se planteen cómo sus acciones han provocado resultados o cómo otras decisiones podrían haber cambiado lo que pasó. Estas preguntas las ayudan a analizar situaciones pasadas, las decisiones que tomaron y las consecuencias que tuvieron, para que aprendan de sus experiencias. Son más efectivas si les pides que piensen en cómo se sintieron en ese momento y de qué manera sus emociones influyeron en lo que decidieron hacer.

Algunas buenas preguntas reflexivas serían, por ejemplo: «¿Qué aprendiste sobre ti como resultado de esa experiencia?», «¿Cómo han afectado tus decisiones anteriores a tu situación actual?», «¿De qué modo crees que tus acciones influyeron en las personas que estaban a tu alrededor?», «Si pudieras volver atrás, ¿qué harías de otro modo? ¿Por qué?» o «¿Qué valores personales crees que guiaron tus decisiones en esa situación?». Todas ellas las preparan para futuras situaciones y mejoran su capacidad para tomar decisiones conscientes.

La decimoprimera pauta va de hacer pensar, de sembrar la reflexión para que tus amivis, te comuniquen o no el resultado de sus cavilaciones, profundicen en sus emociones, decisiones, acciones y en las consecuencias que tienen. Veámoslo en el caso de Lola y Emma.

Un buen ejemplo de fomentar la reflexión es el siguiente: cuando Emma regresa a casa y la situación está lo suficientemente calmada para hablar, Lola comienza la conversación de manera suave pero directa, abre un espacio para que su hija explique lo sucedido. La madre puede decir: «Emma, me preocupa que hayas faltado a clase sin avisar. ¿Podrías compartir conmigo qué te ha llevado a tomar esa decisión? Para mí es importante entenderlo». Esta pregunta no solo le muestra a la chica que Lola está dispuesta a escuchar, sino que la invita a reflexionar sobre sus decisiones y expresar sus motivos. Cabe la posibilidad de que Emma no se lo tome bien, puede pasar, pero debemos insistir en el diálogo desde esta perspectiva para continuar la conversación o esperar a un momento en que esté más tranquila. Imaginemos que, en este caso, la chica le contase algo a su madre.

Después de escuchar a Emma, Lola orienta la charla hacia la reflexión sobre las consecuencias de sus acciones. Por ejemplo, puede preguntar: «¿Cómo crees que tu ausencia puede influir en tus estudios?» o «¿Cómo crees que se han sentido las personas con las que tenías que presentar el trabajo cuando no te han visto?». Este tipo de preguntas ayudan a Emma a considerar el impacto de sus acciones más allá de su experiencia personal inmediata.

Refuerzo positivo

En decimosegundo lugar, entrenemos el refuerzo positivo para reconocer los logros de las personas adolescentes cuando respetan los límites, una estrategia muy poderosa que fomenta la responsabilidad y la autoestima. El refuerzo positivo implica presentar un estímulo positivo justo después de un comportamiento deseado para aumentar la probabilidad de que se repita. El reconocimiento debe ser inmediato y específico, y es importante que deje claro qué conducta ha sido respetuosa y por qué es importante.

Para reforzar los comportamientos que queremos promover, es imprescindible observarlos, estar atentas e identificar las conductas que respetan los límites. Solemos señalar solo las infracciones y los incumplimientos, y es necesario que cambiemos este patrón para señalar cuándo han hecho lo esperado y ponerlo en valor. Por ejemplo, si tus amivis llegan a casa a la hora acordada, es importante reconocerles esta conducta al instante con expresiones que reflejen que aprecias su esfuerzo. No des por hecho que es su obligación y que ya deben saber que eso es lo correcto. Están aprendiendo. Podrías decir, por ejemplo: «Me alegra que hayas llegado a la hora acordada. Si te lo estabas pasando bien, no debe de haber sido nada fácil. Gracias por respetar nuestro acuerdo».

Los elogios sinceros y el reconocimiento verbal de sus esfuerzos son más beneficiosos a largo plazo que las recompensas materiales. Estos refuerzos fortalecen la autoestima y el respeto, elementos cruciales para el desarrollo emocional y social. Si refuerzas con regularidad las conductas que respetan los límites, es más probable que se repitan, y que sea así si todas las personas adultas transmitís mensajes similares. Por eso, en casos de separación y divorcio, es importante que ambas partes se pongan de acuerdo sobre los límites. Aunque a veces pueda parecer imposible, vale la pena el esfuerzo: lo que está en juego es la capacidad de tus amivis para tener la mejor vida posible.

Además de los elogios verbales, discutir los beneficios de una conducta respetuosa puede ayudarlas a detectar la conexión entre sus acciones y los resultados favorables. Es decir, les permite darse cuenta de cuándo su conducta genera un clima más agradable en casa y mayor confianza en sus decisiones. A medida que van comprendiendo los límites, es beneficioso evolucionar el refuerzo incluyendo más libertades o responsabilidades.

El refuerzo positivo debe ser una práctica regular, no esporádica, si quieres ayudar a tus amivis a internalizar el comportamiento respetuoso como parte de su rutina diaria. Mantener la coherencia y la constancia asegura que comprendan que la conducta respetuosa no solo es esperada, sino valorada y recompensada.

La decimosegunda pauta va de ayudarlas a identificar que han cumplido las normas, han respetado los límites y lo que conseguirán gracias a ello, y ayudarlas a hacer de esas conductas un hábito en su vida cotidiana. Veámoslo en el caso de Lola y Emma.

Cuando Emma vuelve a casa, después de que ambas hayan tenido la oportunidad de calmarse, Lola inicia la conversación con un tono tranquilo. Podría decir algo como: «Emma, sé que hoy no has ido a clase, y me gustaría entender por qué. Es importante para mí que podamos hablar abiertamente sobre lo que te pasa». Supongamos que la chica le cuenta que se sintió agobiada por el estrés y que decidió evitar la clase porque a primera hora tiene una asignatura que no se le da bien, y que después le dio vergüenza volver al instituto por lo que pudieran decirle. Lola, en vez de responder con críticas, reconoce las emociones de su hija y refuerza la importancia de comunicarlas. Podría decir: «Te agradezco que me hayas contado cómo te sientes. Es importante para mí saber cuándo te sientes así para que pueda apoyarte. Gracias por haberte sentado conmigo para hablar y por confiar en mí».

Anticipar

En decimotercer lugar, entrenemos la anticipación. No hablamos de anticipar en un sentido patológico, sino en un contexto de preparación proactiva y planificación premeditada. Nos referimos a la habilidad de prever situaciones y sus posibles consecuencias con el fin de gestionarlas de manera efectiva antes de que ocurran, lo que implica un enfoque reflexivo para que nuestras amivis tomen mejores decisiones en diversas circunstancias de la vida. Esta práctica reduce la ansiedad asociada a lo desconocido y fomenta la responsabilidad.

Anticipar implica pensar en diferentes escenarios posibles y sus consecuencias antes de que ocurran, y ayuda a establecer expectativas claras sobre cómo transitar potenciales situaciones. Sabemos que la habilidad de anticipar es una de las que se desarrollan más tarde, hacia el final de la adolescencia, pasados los veinte años, así que vale la pena que las ayudemos con ello. La parte del cerebro responsable de la toma de decisiones, el control de los impulsos y la planificación a largo plazo es la última en madurar. Por eso, las personas adolescentes pueden tener más dificultades para anticipar las consecuencias de sus actos o evaluar distintas situaciones antes de que ocurran. Ayudarlas a desarrollar esta habilidad es básico, ya que les permite ser más conscientes de los posibles resultados de sus decisiones y las prepara para gestionar mejor los desafíos futuros.

En el contexto de comunicar límites, anticipar ayuda a prevenir las escaladas de los conflictos, fomenta una mejor comprensión de las expectativas y facilita un ambiente en que la comunicación fluye. Cuando prevés y debates posibles situaciones problemáticas antes de que ocurran, les estás dando la posibilidad de desarrollar estrategias adecuadas para gestionar mejor lo que se van a encontrar en el futuro. Esto les aporta la seguridad que necesitan para explorar y comprender hasta dónde pueden llegar en su exploración.

Para que anticipar vaya a favor del desarrollo de la comprensión de los límites, es esencial que les recuerdes lo que se espera de ellas en las diferentes situaciones cotidianas relacionadas con ellos. Por ejemplo, si tus amivis van a salir esta tarde con sus amistades, puedes recordarles las expectativas relacionadas con la hora de vuelta a casa, el consumo de sustancias, las situaciones de grupo… Podrías decir: «Recuerda que esperamos que estés de vuelta a las doce, y que es importante que no vuelvas sola. ¿Cómo lo harás, si tus amistades deciden quedarse hasta más tarde? ¿Qué harías en ese caso?».

Si lo que quieres es establecer límites claros sobre el uso de dispositivos electrónicos, podrías anticipar el tiempo excesivo frente a la pantalla o el acceso a contenido inapropiado. Una conversación podría ser: «Vale, ya hemos acordado el uso de teléfonos en la mesa durante las comidas y después de las diez de la noche para facilitar el descanso. ¿Qué crees que podrías hacer si usas el teléfono después de esa hora? Recuerda que hemos acordado que, cuando no puedas hacerlo tú, yo te ayudaré».

Por lo que se refiere a las tareas domésticas y otras responsabilidades relacionadas con el hogar, podríais determinar qué tareas son esperadas y cuáles serán las consecuencias de no realizarlas. Un enfoque podría ser: «Este sábado te toca limpiar los cristales de tu cuarto, como acordamos. Recuerda que, cuando haces las tareas a tiempo, llegas puntualmente a la quedada con tus amistades».

Para las tareas académicas, que también pueden traerte de cabeza durante esta etapa, puedes plantear metas como la finalización de las tareas, tu participación en el espacio de estudio o las calificaciones necesarias. Una conversación útil podría ser: «Sabemos que las matemáticas en cursos anteriores han sido complicadas. ¿Qué apoyo crees que necesitarás este año para mejorar?». También podrías decir: «Esta tarde tienes entreno a las seis, así que es importante que acabes las tareas antes de las cinco y media. Cuando preparas la bolsa de entreno antes de empezar a hacer los deberes, vas más tranquila a entrenar».

Si se acerca un cambio en la rutina familiar, como un viaje, una visita de familiares o un evento especial, es útil hablar de si esto afectará a los límites y responsabilidades existentes y cómo lo hará. Por ejemplo, podrías encontrarte en una situación como esta: «Como las primas se quedarán en casa la próxima semana, necesitamos que prepares tu habitación para que duerman contigo. También habrá que pensar en cómo organizar la mesa a la hora de las comidas. ¿Se te ocurre alguna forma de hacerlo?».

La decimotercera pauta tiene que ver con ayudarlas a recordar los límites y prevenir el cumplimiento de las normas. Es importante tener claro que al cerebro adolescente le cuesta anticipar y pensar a largo plazo, y que, además, no le resulta fácil entender las consecuencias de sus acciones, por lo que es esencial recordarles los acuerdos y lo que se espera de ellas en el día a día. Veámoslo en el caso de Lola y Emma.

Supongamos que Lola y Emma ya han hablado sobre lo que ha supuesto su falta injustificada a clases y han llegado a algunos acuerdos. Al día siguiente, antes de que se vaya al instituto, Lola le recuerda que, si se encuentra mal o le sucede algo que le impide asistir a clase, la llame para contárselo antes de tomar la decisión de faltar. Podría decirle: «Espero que, si no te encuentras con fuerzas para asistir a clase, antes de faltar, me llames o me mandes un mensaje para que lo hablemos».

Compasión

En este punto es probable que estés pensando que aprender a hacer todo lo que acabas de leer es una locura, que acompañar el aprendizaje de los límites es agotador, y puede que te sientas tentada de tirar por la borda la adolescencia y tus ganas de acompañar a tus amivis. Después del esfuerzo y dedicación que has puesto durante su infancia, ¿te vas a rendir en este momento tan importante? Claro que no. Si lo piensas, estoy segura de que tu compromiso con vuestro bienestar es mayor que tu cansancio.

Imagínate este proceso como una regata: has recorrido la mayor parte de la ruta, tienes la piel marcada por el sol, estás agotada y deseas tocar tierra firme. La meta está a la vista, ya divisas la costa. No es el momento de detenerse, sino de sacar fuerzas de flaqueza para completar tu misión. Respira hondo, date un abrazo y la enhorabuena porque has llegado hasta aquí, y mírate con compasión, porque esto es lo que vas a entrenar ahora.

El término «compasión», despojado de connotaciones religiosas o caritativas, se refiere a la capacidad emocional de sentir empatía por el sufrimiento de las demás personas y un deseo auténtico de aliviarlo. Esta cualidad humana esencial va más allá de entender el dolor ajeno: implica una respuesta emocional activa que nos motiva a ayudar y ofrecer apoyo, pero también a ayudarnos y ofrecernos apoyo a nosotras mismas. La compasión es un reconocimiento profundo de la vulnerabilidad que compartimos y el compromiso de actuar para que el dolor se acompañe y disminuya. En este sentido, la compasión atañe a la empatía y a la capacidad para preocuparnos por las emociones de otras personas.

Desde una perspectiva psicológica, la compasión puede entenderse como un rasgo que fomenta la conexión interpersonal y la cooperación en el seno de comunidades y sociedades. A nivel individual, cultivar la compasión puede llevarnos a un mayor bienestar emocional porque promueve relaciones más profundas y satisfactorias con nosotras mismas y con las otras personas, además de reducir los niveles de estrés.

En la práctica, ser compasivas implica actuar con amabilidad y cuidado, ofrecer consuelo y asistencia cuando sea posible y buscar modos de mejorar activamente la situación de quienes sufren mediante acciones directas o apoyo emocional. Esto se aplica también a nosotras, así que la primera persona hacia la que tienes que cultivar la compasión es hacia ti, porque estás aprendiendo a actuar de una forma distinta, y eso no es fácil. Te has comprometido a aprender a acompañar de una manera en la que, quizá, no fuiste acompañada y estás educando de una forma nueva, que nadie modeló para ti, por lo que no tuviste ocasión de integrar estas pautas. Date un respiro, ve paso a paso. Siempre digo que así se consiguen grandes logros. No te exijas más de lo que puedes dar en cada momento y adapta estas pautas a ti, en vez de adaptarte tú a ellas.

Desarrollar la compasión hacia ti y hacia tus amivis fortalecerá vuestra relación y mejorará vuestro bienestar emocional. Para hacerlo, necesitas reconocer tus esfuerzos y perdonarte tus errores a diario. Somos humanas, nos equivocaremos muchas veces, así que hablémonos con cariño, como lo haríamos a una amiga, y démonos todas las oportunidades que necesitemos para intentarlo de nuevo. Modelemos la amabilidad hacia las demás personas, expresemos empatía hacia las situaciones que viven.

Dedica un tiempo cada día a reflexionar sobre tus emociones y las de tus amivis. Puedes escribir un diario, meditar, pasear… No escatimes en conversaciones donde todas podáis expresar lo que sentís sin temor a ser juzgadas. Esto ayuda a entender mejor las perspectivas de cada una y a cultivar un ambiente emocionalmente seguro. Practicad el hábito de reconocer y agradecer las cosas buenas de la vida. La gratitud es un componente poderoso de la compasión que puede transformar la perspectiva y el estado de ánimo. También el hábito de sacar la rabia cuando lo necesites: es necesario atender a todas las emociones que sientes. Un *mecagoentó* de vez en cuando tampoco sobra.

Ser compasiva contigo y con tus amivis es imprescindible cuando las acompañas, en general, y, en particular, cuando las ayudas a entender los límites. Será un proceso incómodo lleno de errores y conversaciones intensas, así que es importante que seas compasiva para fomentar un entorno más amable y menos crítico hacia los errores y limitaciones de todas. Es vital que aprendan a tratarse con amabilidad en vez de autocriticarse con dureza, y eso solo puede hacerse a través de la compasión.

12

Perdón, reconciliación y restauración

Una de las pautas educativas más valiosas para la comprensión de los límites y el desarrollo de las relaciones interpersonales en la adolescencia es la práctica del perdón. No menospreciemos el poder del perdón, la reconciliación y las prácticas restaurativas en el día a día. Cuando el perdón está presente de forma cotidiana y promovemos los procesos de reconciliación, establecemos modelos de comprensión y resolución de conflictos muy útiles que les permitirán hacer crecer sus relaciones de una manera saludable o alejarse de ellas, si no les convienen.

En casa, hablamos las cosas, nos pedimos perdón si nos equivocamos. En casa, los errores que cometemos al comunicarnos suponen oportunidades para aprender a hacerlo mejor. En casa, asumimos nuestra responsabilidad afectiva y las relaciones se fortalecen gracias a ello. No hay ninguna en la que nunca pase nada. Ninguna es perfecta y «fueron felices para siempre». Las relaciones se construyen a diario y se fortalecen o debilitan en función de las habilidades para abordar lo que va pasando en ellas. No les enseñemos que un error en la comunicación es el fin de nada. Transmitamos que es la oportunidad de acercarse para restaurarlo y aprender de él.

El perdón es una herramienta poderosa en la educación porque nos da la oportunidad de encontrarnos con la rabia, la culpa y el dolor de la otra persona. Aprender a perdonar nos ayuda a liberarnos de la carga emocional que a menudo acompaña a los agravios percibidos, tanto grandes como pequeños, y abre la puerta a la comunicación.

Eduquemos para que el perdón sea una posibilidad de mejorar sus relaciones y las nuestras. Este proceso aliviará el estrés psicológico y las ayudará a desarrollar una mayor comprensión y empatía hacia las personas que las rodean. Cuando aprendemos a perdonar (y a perdonarnos), contamos con más recursos para modular nuestras emociones y desarrollar relaciones más fuertes y respetuosas. Pero, como no todo se puede perdonar en la vida, también es interesante que seamos un modelo al respecto. Debatamos con ellas qué cosas no serían perdonables, es decir, aquellas que harían que nos marchásemos de una relación sin remedio. Perdonémonos por lo que hicimos y no tuvo un desarrollo agradable o no salió bien para alguien.

La reconciliación va un paso más allá del perdón: se ocupa de restaurar la relación, nos permite aprender de los errores en un entorno de apoyo, reconocer que superar conflictos fortalece las relaciones, y nos da la oportunidad de revisar sus características para mejorar lo que no está funcionando. Las prácticas restaurativas se centran en la reparación de daños en las relaciones. Se orientan al diálogo constructivo para solucionar conflictos de forma cooperativa. Además, pueden suponer ocasiones maravillosas para proyectar distintas actividades con nuestras amivis. Después de un desencuentro, cuando se produce la reconciliación, te recomiendo dedicar un tiempo de calidad a estar juntas.

«Juntas», una gran palabra con un gran poder. Los límites nos ayudan a seguir en la relación, a estar juntas, o, si no hay manera de resolverlo, a decirnos adiós del mejor modo posible. Aprender a decir adiós y sostener el dolor de la despedida también es muy importante.

Gracias a estas prácticas, ayudaremos a nuestras amivis a entender el impacto de nuestras acciones sobre las demás personas, a asumir la responsabilidad por sus actos, a explorar métodos para hacer las paces y repararlas. Cuando las acompañamos a participar en procesos restaurativos, les damos la oportunidad de desarrollar su responsabilidad personal y un profundo sentido de la justicia. Aprenden que sus acciones tienen consecuencias, pero que tienen el poder y el deber de rectificar sus errores.

Cuando intentamos que comprendan los límites, el perdón y la reconciliación no pueden faltar, al igual que nuestra intención restaurativa. No podemos dejar de hablarnos durante días ni guardarnos rencor para siempre. Eso no les enseña que los conflictos son naturales y pueden solucionarse. Por eso es importante que también seamos ejemplo en eso, que dialoguemos cuando cruzan los límites y colaboremos para encontrar soluciones, que les mandemos el mensaje de «Oye, me importas, y por eso estoy aquí haciendo el esfuerzo de hablar contigo sobre esto. Sé que no te apetece, a mí también me incomoda, pero es necesario que mantengamos esta conversación». Esto crea un entorno familiar donde los errores se ven como parte del aprendizaje y el crecimiento, no como fracasos o actos irreversibles.

Educar acompañando es un proceso vivo que requiere de observación y atención continua. Cansa, y no siempre es agradable, pero es imprescindible para construir un mundo de personas que piensan de forma crítica y, por lo tanto, con capacidad de hacer propuestas significativas y generar transformación, un mundo poblado por personas emocionalmente inteligentes que aceptan su responsabilidad afectiva en sus relaciones y que saben hacer un uso cívico de su libertad. Educar a estas personas no es fácil, y más cuando no tenemos modelos a los que acudir, pero, aunque el viento no sople a tu favor y a veces sientas que vas a la deriva, no sueltes el timón: el barco sigue adelante.

Una de las claves para mantenernos a flote sin experiencia y educar a personas de esta manera es tener claras las pautas que has leído hasta aquí, así que, gracias por haber llegado hasta el final de la tercera parte del libro. Pero la clave no es conocerlas, sino practicarlas, repetirlas a diario para que nuestras amivis se desarrollen. Necesitamos volver a ellas una y otra vez. Aprendemos gracias a la repetición y la reflexión que sigue a los resultados.

Al empezar, te sentirás torpe —toda maestra empezó siendo aprendiz—, pero no desfallezcas. Cada día te resultará más fácil, aunque en realidad será que cada vez lo haces mejor.

Solo necesitas repetir, reflexionar sobre lo que has hecho y los resultados que has obtenido, y dejar que pase el tiempo. En la cuarta parte encontrarás casos y ejemplos prácticos de situaciones de la vida diaria para que veas cómo usar todo lo que has aprendido.

LOS AMARRES

Ideas principales

- ✓ Las palabras imprescindibles cuando comunicamos límites en la adolescencia son: «expectativas», «responsabilidades», «consecuencias» y «apoyo».
- ✓ Al hablar de expectativas, nos referimos a que los límites y las normas deben ser claros y comprensibles para nuestras amivis. Tienen saber qué esperamos de ellas. Las expectativas son importantes porque establecen un marco de referencia sobre lo que se considera aceptable o deseable en términos de comportamiento y rendimiento, tanto en una relación como en un entorno concreto o situación.
- ✓ Las responsabilidades se refieren a las obligaciones y los deberes que cada persona tiene en su vida diaria. El proceso de asumir responsabilidades de forma gradual es básico para que lleguen a ser autónomas.
- ✓ Las consecuencias juegan un papel fundamental en la formación del carácter y el desarrollo de la responsabilidad.
- ✓ Hay dos tipos de consecuencias. Las naturales son el resultado directo de las acciones que emprendemos o de aquello que sucede como efecto de algo que ha pasado o hemos hecho. Las lógicas deben estar directamente relacionadas con el comportamiento que se quiere mejorar, ser proporcionales y previsibles, y, en la medida de lo posible, acordarse antes o en el momento en que se produce o se descubre la conducta que se pretende mejorar.
- ✓ Buscamos en todo momento que nuestras amivis aprendan la relación que existe entre la causa y la consecuencia, entre la decisión que han tomado y lo que ocurre después de ejecutarla.

- ✓ Nuestro apoyo proporciona el sistema de seguridad que necesitan mientras exploran y experimentan los límites.
- ✓ Cuando se resisten y no quieren respetar los límites, acuerda unas normas comunes para que aumente su capacidad de decidir sobre ellas.
- ✓ Cuando ignoran los límites porque no los sienten como propios, insiste en las consecuencias lógicas y verbaliza el beneficio personal que obtienen de ellos.
- ✓ Cuando viven los límites como injusticias puede que las normas hagan que se sientan atacadas. Ayúdalas a regular el estrés y evita la confrontación.
- ✓ Cuando desaparecen para evitar enfrentamientos directos porque los límites hacen que quieran escapar, entiende sus motivos y mejora el clima en casa.
- ✓ Cuando ponen a prueba los límites para ver hasta dónde pueden llegar, transmite lo que esperas y escucha sus aportaciones.
- ✓ Cuando razonan y argumentan ante los límites porque consideran que pueden mejorar, genera debate y acuerda las modificaciones.
- ✓ Cuando dejan de hablarte, muestra que estás disponible y establece las expectativas comunicativas.
- ✓ Cuando aceptan los límites, pregúntate por qué lo hacen y sé más flexible.
- ✓ No reaccionarás al instante. Entrena la capacidad para responder en vez de reaccionar. Observa tus emociones y pensamientos antes de intervenir. Esto te hará dar una respuesta más medida y considerada al comunicar los límites.
- ✓ Mentalizarás. Entrena tu capacidad y la suya para entender y reflexionar sobre los estados mentales propios y ajenos. Esto te y les

permitirá interpretar acciones, regular emociones, comunicarte/se de forma empática y resolver conflictos de manera más efectiva.

- ✓ Serás firme. Entrena la capacidad de ponerte seria sin enfadarte. Esto te permitirá transmitir las expectativas y la importancia de las consecuencias sin provocar escaladas.
- ✓ Serás coherente. Entrena tu capacidad para cumplir con los compromisos que adquieres, explicar lo que esperas de vuestras interacciones, mantener tus opiniones en el tiempo y que tus acciones reflejen tus valores. Esto hará que confíen, facilitará el aprendizaje y ayudará a comprender las expectativas y las consecuencias de sus acciones sin confundirlas ni estresarlas.
- ✓ Serás constante. Entrena tu capacidad para mantener la regularidad en tus acciones y darles siempre los mismos mensajes. Esto permitirá que integren los límites y refuercen su importancia.
- ✓ Validarás. Entrena tu capacidad para reconocer sus experiencias y emociones como lícitas y naturales. Esto hará que sean más propensas a compartir sus pensamientos y preocupaciones.
- ✓ Acordarás. Entrena tu capacidad para dialogar y negociar hasta llegar a un acuerdo. Esto incrementará la probabilidad de que respeten los límites y permitirá que desarrollen habilidades como la negociación o la toma de decisiones.
- ✓ Cooperarás. Entrena tu capacidad para buscar soluciones justas. Esto hará que el proceso de comprensión de límites sea menos confrontativo y les permitirá ver y analizar los problemas desde múltiples perspectivas, así como considerar diversas soluciones.
- ✓ Serás asertiva. Entrena tu capacidad para comunicarte con respeto. Esto te permitirá modelar formas de diálogo más saludables y evitará las escaladas.
- ✓ Modelarás. Entrenarás tu capacidad para dar ejemplo a través de tus

acciones. Esto hará que aprendan y adopten las conductas que quieres reforzar.

- ✓ Reflexionarás. Entrena tu capacidad para hacerlas pensar. Esto les permitirá analizar sus acciones, entender las consecuencias de sus actos, considerar cómo sus decisiones afectan al entorno y, por lo tanto, facilitará la comprensión propia y el desarrollo de la empatía.
- ✓ Reforzarás en positivo. Entrena tu capacidad de reconocer sus logros cuando respeten los límites. Esto hará que identifiquen claramente qué comportamiento es respetuoso y por qué es importante.
- ✓ Anticiparás. Entrena tu capacidad para preparar lo que viene. Esto les permitirá entender las expectativas y prever situaciones y sus posibles consecuencias con el fin de gestionarlas de manera efectiva antes de que ocurran.
- ✓ Serás compasiva. Entrena tu capacidad para sentir empatía, reconocer tus esfuerzos y perdonarte tus errores. Esto fortalecerá vuestra relación y mejorará el bienestar emocional.
- ✓ Perdonarás. El perdón permite abordar emociones difíciles, liberarse de cargas emocionales y facilita la comunicación.
- ✓ Buscarás la reconciliación. Fortalece las relaciones mediante prácticas restaurativas que reparan daños y fomentan el diálogo constructivo para resolver conflictos desde la cooperación.
- ✓ Restaurarás. La restauración es una gran oportunidad para pasar tiempo de calidad juntas y manda el mensaje de que, si os esforzáis, podréis solucionar vuestras diferencias.

CUARTA PARTE

El viento y el océano

Lo imprevisible nos pone en acción, y la acción orienta el camino

---

Te explicaré cómo usar las pautas en el día a día de la adolescencia: momentos cotidianos, casos y ejemplos

13

Mientras vivamos bajo el mismo techo

Mientras vivamos bajo el mismo techo vamos a acompañar a las personas adolescentes de nuestra vida con paciencia, humanidad y firmeza. Nuestra misión es prepararlas para que aprendan a vivir lejos de nosotras. Para que, cuando se marchen, tengan claro por dónde iniciar su camino, que siempre podrán volver y que, si lo hacen, entre esas paredes encontrarán un lugar seguro: refugio, consuelo y orientación. Un lugar en el que las ayudemos a hallar la mejor manera de resolver sus problemas sin imponer nuestras opciones ni soluciones ajenas.

Antes de empezar con los ejemplos, me gustaría ordenar los conceptos que hemos visto hasta ahora en una estructura que nos dé seguridad cuando nos relacionemos con nuestras amivis en el día a día, mientras vivamos bajo el mismo techo. Como no suele ser cómodo comunicar límites, estas indicaciones serán nuestro chaleco salvavidas: algo a lo que agarrarnos y que evitará que nos hundamos, a lo que recurrir para ejercer esta función tan importante tanto si tenemos un mal día y se desata una tormenta con olas enormes como si es bueno, el sol brilla y el mar está en calma. Tengamos siempre presente que no les gustará que hablemos con ellas sobre los límites, y que pueden reaccionar de distintas formas que ya conocemos.

En todos los ejemplos que hemos visto mientras aprendíamos las pautas de la tercera parte, hay varios aspectos que se han ido repitiendo. Veámoslos de cerca y organicémoslos para que cuentes con un sistema claro cuando se trate de comunicar límites.

La conducta y los hechos. Siempre que quieras comunicar límites o hablar del incumplimiento de las normas, será imprescindible que menciones claramente la conducta o los hechos que han provocado esa charla. Debes dejar claro qué te ha llamado la atención en un mensaje cuanto más breve y concreto mejor.

Los motivos. Cuando descubras lo que hay que mejorar, es fundamental que comentes los motivos por los que eso debe mejorar y los que han ocasionado esa conducta.

Las consecuencias que genera la conducta o que se han producido a partir de los hechos. Es esencial explicar las consecuencias más importantes que se pueden generar o ya se han generado.

Las emociones. Es útil hablar de las emociones que han podido impulsar o generar esa conducta, como parte de los motivos, en el primer caso, y las consecuencias, en el segundo.

Las necesidades. Es útil mencionar tus necesidades en la relación, la convivencia…, o las que debéis proteger, ya sean tuyas, suyas, de otras personas, de vuestras mascotas o de lugares específicos.

Las expectativas. Deberás comunicar lo que esperas para que poco a poco aprendan a calibrar las consecuencias.

Por lo tanto, en los diálogos que mantendrás sobre los límites, necesariamente tendrás que incluir estas acciones: identificar la conducta, explicar los motivos que hacen que no sea adecuada o que la han provocado, anticipar/visibilizar las consecuencias, comentar las emociones y necesidades, y anticipar/visibilizar las expectativas.

Se trata de ir combinando esta estructura con las pautas anteriores en tus acciones diarias para que tus amivis aprendan a ser responsables de forma progresiva. No hay una única manera de hacerlo ni un orden correcto, pero es clave que menciones esos aspectos en vuestras conversaciones y que practiques las pautas con regularidad si quieres estimular su comprensión de los límites. Con la práctica, las harás tuyas y te sentirás más cómoda.

Prepárate para repetir esto una y otra vez. La repetición es fundamental para el aprendizaje porque utiliza los mecanismos naturales del cerebro para procesar, almacenar y recuperar la información. Por otra parte, juega un papel crucial en la consolidación de la memoria, proceso por el cual las experiencias temporales se convierten en recuerdos estables en el cerebro. La repetición de información o conductas fortalece las conexiones neuronales. Así que, si te llaman «pesada», no vas mal.

El aprendizaje humano es un proceso multifacético que no solo requiere de repetición, sino también de comprensión, pensamiento crítico y aplicación creativa de conocimientos en diversos entornos. Por lo tanto, es esencial combinar la repetición con el razonamiento, la resolución de problemas y la comprensión. De ahí que hablemos de reflexionar y mentalizar.

Si repites de forma regular las pautas para la comprensión de los límites y las normas, las ayudarás a internalizarlos, es decir, harás que sean más fáciles de recordar y seguir. Los comportamientos reforzados tienden a repetirse, mientras que, los que se castigan, por lo general, se extinguen. En el contexto de establecer límites, la repetición, combinada con consecuencias coherentes, ayuda a saber qué comportamientos son aceptables y cuáles no. Este aprendizaje se refuerza cada vez que se pone en práctica ese comportamiento y se experimentan las consecuencias correspondientes.

Si no repetimos la información, la perdemos. Por eso insisto en que anotes tus aprendizajes en un cuaderno y que los revises de vez en cuando. La práctica constante ayuda a automatizar respuestas y comportamientos, algo muy importante para el desarrollo de hábitos y la autorregulación emocional.

14

Ejemplos y recomendaciones

En este capítulo te mostraré la aplicación de las pautas en situaciones que son comunes durante la adolescencia. Cada ejemplo reúne características de varios casos, todos reales, pero sin datos que remitan a nadie en concreto para proteger la confidencialidad de las personas a las que he acompañado durante estos años, gracias a las cuales hoy puedo escribir este libro. En esos casos se van siguiendo las pautas de las que te he ido hablando. El objetivo de estos ejemplos es ver cómo se atendería la transgresión de los límites en entornos cotidianos reales si contásemos con los recursos anteriores.

He dividido las situaciones comunes en áreas de interés, y para cada una propongo unos límites concretos y un ejemplo usando las pautas anteriores para los momentos en los que se los saltan. Ten en cuenta que cada persona adolescente es única, así que, para cada una de ellas, tendrás que valorar si estas recomendaciones son o no adecuadas. También tú tienes unas creencias determinadas relativas a los límites y unos recursos particulares (trátate bien), y deberás practicar las estrategias con paciencia y constancia hasta que las interiorices.

Situaciones relacionadas con las tareas académicas

Recomendación: Acordar el tiempo y espacio específicos para hacerlas, la participación de una persona adulta en ellas, si es necesario, el seguimiento que se hará con el centro educativo... Solo si la persona adolescente ha mentido al respecto o tiene dificultades para acabar las tareas, establecer su supervisión diaria para asegurarse de que se han realizado.

Caso: Alba había prometido que se aplicaría más en el segundo trimestre después de suspender tres asignaturas en el primero. Acordó con Isabel, su madre, aumentar el tiempo de estudio diario para esas materias y dejar el móvil fuera de la habitación mientras lo hacía. Para comprobar las mejoras, establecieron que su madre se comunicaría periódicamente con el centro educativo, aunque nunca en persona. Alba le propuso que lo hiciese mediante el correo electrónico o una llamada telefónica. Empieza el segundo trimestre, e Isabel observa que su hija no deja el móvil fuera de la habitación todos los días mientras estudia. En uno de los correos periódicos que recibe de su tutora, esta le informa de que Alba no ha entregado dos trabajos importantes para la nota de dos asignaturas.

Acompañamiento: Con el resultado de sus observaciones y la información que le presenta la tutora, Isabel se prepara para responder a las necesidades de Alba. Aunque se siente un poco triste porque no está cumpliendo con lo acordado, se recuerda que es natural que le cueste; está aprendiendo. Piensa en lo que podría estar haciendo para que le sea difícil mantener el compromiso. Recuerda que, después de las Navidades, rompió con su novio, y piensa que quizá eso esté influyendo y haga que necesite estar más pendiente del teléfono. Se va a tomar un café con una amiga para relajarse y se propone plantearle a Alba la situación el viernes. Sabe que esos días suele estar de mejor humor porque tiene entreno de vóley, que le encanta y la relaja.

Cuando el viernes inicia el diálogo, este es el abordaje que hace Isabel: «Tu tutora me comentó que no has entregado dos trabajos de dos asignaturas. ¿Puede ser? También he visto que algunos días no dejas el móvil fuera de la habitación a la hora de estudiar, pero la mayoría de los días sí lo haces. Sé que es difícil para ti, te felicito por conseguirlo». Isabel espera sin prisa y respira hondo mientras observa que su hija se pone tensa y responde de forma escueta, y luego continúa: «Puede que no tengas ganas de hablar de esto ahora, y lo entiendo. Tratar estos temas no es agradable, pero no nos llevará más de unos minutos. Puede que te esté pasando algo que te impida concentrarte, pero no tienes que contármelo si no quieres. Es importante que encontremos una solución para que lleves las tareas al día. ¿Crees que hay algo que ahora no haces y que te ayudaría a conseguirlo?». Isabel espera a que Alba conteste y luego sigue: «Por eso te propusiste dejar el móvil fuera del cuarto durante el tiempo de estudio y ampliar el tiempo media hora más cada día. Sé que puede ser duro estar sin el teléfono tanto rato y tener que hacer tantos trabajos.

Entre las dos, seguro que damos con una solución. Hay varias maneras de resolverlo. A ver cuál te parece que te iría mejor para que entregues los trabajos a tiempo». Este sería un posible abordaje de una situación de este tipo, muy frecuentes en el día a día de la adolescencia.

SITUACIONES RELACIONADAS CON LA CONVIVENCIA

Recomendación: Acordar las tareas que hay que hacer en casa y las normas relativas a los espacios comunes y al trato con las personas que convivís. Hacer un seguimiento de su ejecución y ajustarlas, si es necesario. Es importante no esperar que las hagan en el tiempo que a ti te va mejor ni como las harías tú.

Caso: Raúl tenía que hacerse la cama, poner la ropa sucia en el cesto de la colada y despejar el escritorio a diario. Marga, su madre, había acordado con él que lo haría cada día antes de irse al instituto. Se habían propuesto que ella no le diría nada de lunes a viernes y que revisarían el acuerdo el fin de semana. Marga, que se había creado unas altas expectativas, enseguida se da cuenta de que a Raúl le cuesta hacer las tareas a las que se había comprometido. Va lento y no se esmera. Esa primera semana, su madre observa que algunos días lo hace todo, aunque sin cuidado, otros solo la cama y algunos el escritorio y la cama, pero llevar la ropa al cesto se le resiste.

Acompañamiento: Con el resultado de sus observaciones, Marga acepta la tristeza que le provocan las expectativas que se había hecho y se regala una sesión de piscina el sábado por la mañana, que a ella la relaja. Mientras nada, se prepara para dar una respuesta a la situación y reflexiona sobre qué puede estar impidiendo que a veces Raúl haga las tareas y en ocasiones le cueste. Llega a la conclusión de que, por lo general, los días que vuelve tarde del entreno de balonmano coinciden con las mañanas posteriores en que le cuesta hacer esas tareas. Piensa que puede ser una posible razón. Con esto en mente, y aprovechando que Raúl no tiene planes con sus amistades, le propone revisar el resultado de su acuerdo el sábado por la tarde, como habían previsto.

Marga aborda el diálogo de la siguiente forma: «Quiero felicitarte por el esfuerzo que has hecho esta semana. He visto que muchos días has cumplido con tus tareas, y estoy muy contenta de que hayas respetado nuestro acuerdo. He observado que a veces te cuesta más hacerlas y que lo que se te resiste es dejar la ropa en el cesto de la colada. ¿Puede ser?». Marga espera a que Raúl responda. Cuando lo hace, pero con monosílabos, prosigue: «He visto también que los días que te cuesta más son aquellos en que la tarde anterior has tenido entreno, ¿te habías fijado?». De nuevo, la madre espera a que su hijo conteste. El chico está callado, no dialoga, parece poco interesado en hablar del tema, pero no está enfadado. Marga recuerda que, por las características de esta etapa, el ritmo de Raúl es distinto al suyo, y que no responda no significa que no esté prestando atención.

Decide ayudarlo ofreciéndole opciones: «Creo que podemos solucionar lo de los días que te cuesta más hacerlo. ¿Qué te parecería si las mañanas después de los días de entreno no haces las tareas antes de irte al instituto, sino a la vuelta o después de comer? Puedes hacerlas al llegar o cuando acabes de comer. ¿En qué momento te iría mejor?». Raúl le dice que depende del día, así que reformulan el acuerdo inicial ajustando las expectativas y el horario de las tareas. Los días después de entrenar, Raúl hará las tareas acordadas a la vuelta del instituto, antes o después de comer, pero siempre antes de sentarse a hacer los deberes.

Sin embargo, Marga aún tiene que resolver el problema de la ropa. Sigue: «Genial, entonces harás la cama y despejarás el escritorio antes de sentarte a hacer los deberes. La ropa parece que te cuesta más. ¿Se te ocurre algo para solucionarlo? Es importante que podamos lavar la ropa, especialmente la deportiva, para tenerla disponible los días de entreno. ¿Cómo podemos hacerlo?». Raúl le responde que quizá le iría bien que ella se lo recordase al llegar de entrenar. Aún tienen temas pendientes, pero Marga decide que ya es suficiente por hoy. Acuerdan que, durante una semana, lo probarán así, y revisarán los acuerdos el próximo fin de semana.

Situaciones relacionadas con el dinero

Recomendación: Acordar una paga con porcentaje de ahorro y hacer un seguimiento de los gastos. Supervisar las entradas de dinero sospechosas. Prever las consecuencias ante las pequeñas sustracciones de dinero que a veces se producen.

Caso: Lidia acordó con su hija Elena que, cada mes, le daría una paga de cincuenta euros para que se la administrase. La paga provino de un cálculo aproximado que la chica hizo sobre sus posibles gastos mensuales y que, en su momento, su madre supervisó. Acordaron entonces que Elena retiraría un diez por ciento de ese dinero como ahorro para futuras necesidades. El acuerdo de la paga iba vinculado a otros dos: uno que tenía que ver con tareas extras que haría en casa y que le aportarían un cinco por ciento más a la paga y otro que suponía que, a final de mes, las dos se sentarían para reflexionar sobre los gastos mensuales, prever posibles desembolsos futuros y planificar las tareas domésticas que le aportarían el dinero necesario para ello. Es decir, si Elena hacía dos tareas extras más, se llevaría un diez por ciento más en la paga del mes siguiente. El primer mes, la madre observa que su hija se ha gastado todo el dinero en las dos primeras semanas, excepto el que ha guardado como ahorro, y le pide a su madre que le dé más porque se acerca el cumpleaños de una amiga y tiene que comprarle un regalo.

Acompañamiento: Lidia ha visto que Elena se lo ha gastado todo en las dos primeras semanas. Sabe que es la primera vez que la chica dispone de su propio dinero y que, por lo tanto, aún no conoce su valor. Cuando Elena le pide más de forma insistente porque ya no le queda, el primer impulso de Lidia es decirle que no. Antes de respirar y entender la necesidad de su hija, se enfada y se lo niega, de manera que Elena también se enfada y se pone agresiva: se va dando un portazo. Entonces Lidia reflexiona sobre su reacción. Se da cuenta de que no le ha dado una respuesta educativa, sino una reacción impulsada por su rabia y sus pensamientos: «Sí, hombre, encima que le damos cincuenta eurazos…». Decide sacar a su perrita Luna para tranquilizarse y reflexionar. Se dice que cuando Elena vuelva, si la ve más calmada, hablará con ella sobre el tema. Cuando su hija entra por la puerta, Lidia se acerca, aunque la chica aún no está del todo bien. Le dice que tenía ganas de verla y que quiere hablar con ella sobre lo que ha pasado esa tarde.

La madre sabe que la chica todavía no está muy receptiva, pero decide intentarlo. Aborda el tema de la siguiente forma: «Quiero pedirte perdón por mi reacción de esta tarde. Estaba tendiendo la ropa cuando me lo has pedido, tenía que hacer varias cosas y me he sentido mal porque para mí es un gran esfuerzo darte cincuenta euros cada mes. Lo hago porque sé que es bueno que tengas tu dinero para gastar en lo que necesites. Al ver tu enfado, he comprendido que era importante para ti comprarle un regalo a tu amiga, ¿verdad?». Lidia espera la reacción de su hija, que asiente muy seria, y prosigue: «Me gustaría que me explicases qué habías pensado regalarle, si te apetece, y después, si quieres, te ayudaré a conseguirlo». Aquí Lidia deja que Elena le responda, y después analizan las consecuencias de habérselo gastado antes de tiempo. Podría hacerlo así: «Cuando no prevemos los gastos del mes, puede que, sin darnos cuenta, lo gastemos todo y luego no nos quede nada para algo importante. Hay varias formas de que consigas ese dinero. Una puede ser utilizar el que has ahorrado. En ese caso, te quedarías sin lo acumulado y tendrías que empezar de cero. Otra sería que te lo avanzáramos, pero entonces el mes que viene tendrás menos dinero y podrás hacer menos cosas. Otra es hacer más tareas de la casa este mes. Te adelantamos el dinero, pero el mes que viene podrás equilibrarlo y conseguir la misma paga porque habrás hecho las tareas. ¿Se te ocurre alguna otra manera de conseguirlo?». Elena la mira muy seria y le dice que puede vender varias prendas de ropa para no tener que hacer tareas extras o quedarse sin dinero el mes que viene. Lidia le dice que hay que comprobar si, por su edad, puede hacerlo, que pueden mirarlo juntas, no está segura de que sea legal, y prosigue: «¿Qué pasará si cada vez que gastas de más has de vender algo que tienes? Hay otras maneras de conseguir que el dinero te dure todo el mes. Podemos encontrar el modo entre las dos. Yo puedo proponerte algunas y tú eliges la que mejor te parezca. Podemos, por ejemplo, fraccionarlo por semanas o hacer una previsión a principios de mes para ver si hay días importantes que puedan suponer gastos extras, como un cumpleaños, por ejemplo».

SITUACIONES RELACIONADAS CON EL COMPORTAMIENTO EN CASA Y FUERA DE ELLA

Recomendación: Acordar y comunicar expectativas sobre el respeto en las relaciones, la resolución de conflictos, la conducta apropiada en diferentes entornos (centro educativo, casa de familiares o amistades, organismos públicos, establecimientos de todo tipo, la calle…), el cumplimiento de normas comunitarias, leyes…

Caso: Aquel sábado por la mañana, Toni se acerca a su hijo Marcos para escoger juntos la película que verán el domingo en el cine. Habían acordado que, dos domingos al mes, los pasaría con la familia. El chico le dice que no quiere ir y añade que tiene cosas que hacer. Su padre le recuerda que habían acordado pasar esa tarde en familia, que solo son dos tardes al mes y que les gustaría mucho pasar tiempo con él. En un momento de la discusión, el chico le suelta que es un dictador, que no le da la gana de ir y que lo deje en paz, tras lo cual se encierra en su habitación dando un portazo y deja a Toni con la palabra en la boca.

Acompañamiento: A Toni le sorprende ese comportamiento y se siente tentado de ir detrás de él gritándole que no se atreva a hablarle así. Está triste y furioso a la vez. Respira. Se recuerda que a Marcos todavía le cuesta controlar los impulsos, que con esa rabieta lo que le está diciendo es que quiere tomar sus propias decisiones, que quizá le apetezca más hacer otra cosa y que aún no cuenta con los recursos necesarios para comunicarlo de otra forma, pues está aprendiendo a hacerlo. Así que decide esperar a que se les pase ese estado a los dos, ya que sabe que no es buena idea hablar en ese momento. Se dice que es natural sentirse así: quiere a su hijo y le ha sorprendido su actitud.

Le comunica a su mujer que sale un rato con la bici y que más tarde hablará con Marcos sobre lo que ha pasado, que no lo haga ella. Cuando vuelve de su paseo, ve que el chico está en el sofá con la Switch. Se sienta a su lado y le hace un comentario agradable sobre el juego. Él lo mira extrañado y sigue jugando. Toni le comenta: «Me gustaría darte una cosa que te he traído, pero, como veo que estás ocupado, cuando puedas, me dices. Estaré en la terraza». El chico le responde que se lo dé en ese momento, pero su padre le pide que, si lo quiere, lo acompañe a la terraza sin la Switch. Marcos refunfuña y Toni se levanta y sale a la terraza. Mientras iba con la bici, ha pasado por la pastelería preferida de su hijo y le ha comprado una palmera de chocolate. Marcos apaga la Switch y lo sigue, aunque aún está serio. En la terraza, su padre le da las gracias por haber accedido a acompañarlo y le ofrece la palmera de chocolate. Él se lo agradece y, a regañadientes y bajando la mirada, le pide perdón por lo que le ha dicho antes.

Su padre le dice: «Gracias por disculparte. Antes me ha parecido que estabas muy enfadado. Cuando me has dicho eso, me he sentido fatal. Ya sabes que, aunque nos enfademos, no podemos hablarnos mal. La próxima vez irá mejor. Parece que quedarte mañana en casa es importante para ti.

Quizá tengas planes que yo desconozca, ¿puede ser? Si me lo explicas, lo entenderé, y a lo mejor encontraremos una solución para pasar un rato en familia este finde, aunque no sea mañana por la tarde, como habíamos quedado, y que tú puedas hacer tus planes». Marcos le cuenta que el domingo por la tarde hay un evento de su *streamer* favorito; se enteró ayer, y su grupo ha quedado para verlo online otra vez. Por eso no quiere ir al cine.

Toni sabe lo importante que es en esta etapa que pase tiempo con sus amistades, así que le dice: «Vale, entiendo que sea importante verlo con tus amigos mañana. ¿Crees que podríamos buscar otro rato para pasarlo en familia?». Entonces Marcos le propone ir esa misma tarde al cine, en lugar del domingo. Su padre accede y le dice: «Genial, gracias. Espero que la próxima vez que pase algo así me cuentes tus planes antes de negarte sin darme explicaciones. Es importante que hablemos las cosas para entendernos».

Situaciones relacionadas con el uso de vehículos

Recomendación: Acordar normas y responsabilidades al conducir o usar el transporte (familiar, personal, público, etc.).

Caso: La familia Peris tiene la norma de que en el coche no se pueden usar los móviles ni desconectarse de la familia en los trayectos largos. Esa mañana salen temprano de camino a su destino veraniego. Al subir al coche, Nora, una de las mellizas adolescentes, conecta inmediatamente su música a través del *bluetooth* antes de darle el móvil a su madre, que es quien custodia los de toda la familia hasta que llegan a su destino. Patricia, su hermana, empieza a protestar, se queja de que ella también quiere poner su música, de que no han hablado de quién la pondría primero, y las dos se enzarzan en una discusión.

Acompañamiento: Rubén, el padre de las chicas, respira hondo: sabe que está volviendo a pasar algo que ocurre a menudo. Piensa que es muy temprano; quizá las chicas no han descansado lo suficiente y por eso están más irascibles. Para el coche e inicia una conversación mientras Alicia, la madre, guarda en el bolso los móviles de toda la familia. «Creo que Patri está molesta, ¿me equivoco?», dice Rubén. Patricia explica que está así por culpa de su hermana, que ha puesto la música sin consultar. Rubén sigue: «Tenemos que solucionar esto antes de salir. ¿Qué ha pasado, Nora?». Esta exclama que siempre le echan la culpa de todo, que la última vez Patricia puso la música más rato y que no hay derecho, que siempre tiene que fastidiarse ella. Alicia interviene: «Nora, cariño, siento que pienses que te estamos echando la culpa, no es nuestra intención, y tiene que ser un rollo sentir eso. Otras veces nos hemos encontrado en situaciones parecidas y hemos acabado sintiéndonos mal. No queremos que pase eso. Queremos resolver esto para que estéis bien las dos y podamos salir. No recuerdo qué hicimos la última vez, pero ¿cómo lo solucionamos ahora? Hay muchas posibilidades. Por ejemplo, papá y yo escogemos la música para el principio del viaje y vosotras, mientras tanto, os ponéis de acuerdo en quién pone la música primero y cuánto rato. Esa sería una forma. También podríais elegir ahora, antes de salir, unas cuantas canciones que os gusten a las dos. Sois muy diferentes y os gustan cosas distintas, pero quizá haya algo que os apetezca escuchar a las dos. Esa sería otra forma. ¿Se os ocurren más?».

SITUACIONES RELACIONADAS CON LA ALIMENTACIÓN, LA HIGIENE Y EL SUEÑO

Recomendación: Acordar hábitos saludables (rutinas alimentarias, de higiene, de sueño) y supervisarlos.

Caso: Esther, madre de Carlos, nota que su hijo ha empezado a usar cantidades excesivas de desodorante y colonia. Desde hace semanas, cuando él usa el baño, se queda impregnado de olores muy fuertes. Natalia, su hermana, tiene varias alergias y sufre de migrañas, y Esther percibe que se han agravado desde que Carlos se perfuma en exceso.

Acompañamiento: Esther decide abordar el tema durante el fin de semana. Escoge el sábado por la mañana porque sabe que su hijo ha quedado con sus amistades por la tarde. Entiende que ha empezado a usar esos productos por algún motivo relacionado con la construcción de su identidad (alguien le ha hecho un comentario sobre su olor corporal, tiene pareja, algún chico de su grupo usa esos perfumes, sigue las recomendaciones de alguien a quien admira...), así que decide comenzar así: «He visto que últimamente te cuidas mucho. Esa colonia que usas huele muy bien». A Carlos le extraña el comentario de su madre y pone cara de «¿Qué me estás contando?». Esther no se deja llevar por esa expresión, sabe que lo ha pillado por sorpresa, y prosigue: «He notado que, cuando te pones colonia en el baño común, a Natalia le empeoran las alergias. ¿Te habías dado cuenta? Puede ser porque le afecte la cantidad que usas o su tipo de componentes. ¿Crees que podríamos comprobar de alguna forma si es eso lo que pasa? A mí se me ocurren varias opciones: podrías ponerte la colonia en tu cuarto, por ejemplo, o en el baño, pero en menos cantidad. Podrías probar durante un tiempo para ver si Natalia mejora. ¿Crees que podría funcionar alguna de estas opciones o se te ocurre otra?».

Situaciones relacionadas con equilibrar el tiempo de ocio y las responsabilidades

Recomendación: Acordar condiciones para el tiempo de ocio y el de estudio u otras responsabilidades (días en los que se sale y en los que no, cantidad de actividades extracurriculares, etc.).

Caso: Raquel observa que su hija Carla lleva varias semanas saliendo cada tarde un rato con sus amistades. La mayoría de los días, al volver del instituto, come y después pasa un rato con el móvil mirando las redes sociales. A media tarde, sale con sus amigas, incluso los días en que tiene clase de danza. Raquel habla con el instituto para comprobar si han notado algún cambio en el rendimiento de su hija y allí le confirman que hace semanas que parece más despistada y que tiene pendientes de entregar algunas tareas para las que ya ha vencido la fecha límite.

Acompañamiento: Raquel se preocupa mucho cuando le dan esa información y decide hablar con Carla. Entiende que sus amistades y la exploración de su identidad son muy importantes, pero también lo es que supere el curso. Como tiene muy claro que en esta etapa hay muchas dificultades para equilibrar el tiempo dedicado a las responsabilidades y al ocio, sabe que tiene que ayudar a su hija. Escoge hablar con ella el viernes antes de cenar. Esos días Carla tiene clase de danza y le gusta mucho, así que suele ser un buen momento para tener conversaciones profundas.

La chica llega de danza y se va directamente a su cuarto. Al cabo de un rato sale para preguntarle a su madre qué cenarán hoy. Raquel aprovecha para decirle: «Cariño, ya que estás aquí, necesito comentarte algo. Solo serán cinco minutos, pero es importante que hablemos del tema hoy porque sé que mañana tienes planes con tus amigas y no podremos hablar». Carla no está mucho por la labor, pero se queda. Su madre continúa: «Tu tutora me ha comentado que tienes unas tareas por entregar para las que ya ha vencido el plazo. ¿Lo sabías?».

La chica arruga la nariz, parece que no le gusta el tema que acaba de sacar su madre. Raquel prosigue: «Sé que no es un asunto agradable para ti, ¿qué crees que ha podido pasar para que no hayas entregado las tareas a tiempo?». Carla le explica que su tutora es una exagerada y que ya las presentará. Su madre le dice: «Cuando tenemos tareas pendientes, debemos hacerlas antes que las que nos gustan, aunque sean un rollo. Mañana es importante que las hagas antes de salir con tus amigas. ¿Crees que podrás hacerlas en algún momento de la mañana?». Carla le dice que sí, que es una pesada y se marcha medio enfadada. Raquel sabe que no le ha gustado la conversación, pero era necesaria. Como esos momentos con su hija la ponen tensa, decide prepararse una infusión y leer un rato antes de hacer la cena. Ese día cenarán más tarde.

A la mañana siguiente, después de desayunar, Raquel le dice a Carla: «Esta tarde saldrás con tus amigas, seguro que tenéis algún plan interesante. Cuando acabes las tareas pendientes, avísame, que las miraremos juntas para que tengas tiempo de revisarlas por si hay que cambiar algo, y que llegues a tiempo a la quedada con tus amigas». Carla se queja. Raquel le explica: «Entiendo que te dé rabia tener que dedicar el sábado por la mañana a esto en lugar de estar haciendo otras cosas que te gustan. Cuando entregamos las tareas en las fechas previstas, no tenemos que dedicar el tiempo libre a hacerlas. Piensa en qué puedes cambiar durante la semana para que no tengas que invertir tu tiempo libre en ponerte al día cuando menos te apetece».

Situaciones relacionadas con las salidas

Recomendación: Acordar las condiciones de las salidas nocturnas: vuelta a casa, planes, lugares y personas con las que estarán, consumo de sustancias, asistencia a eventos, viajes...

Caso: Inés y su hija Jana tienen un acuerdo por el cual, si esta llega tarde, debe avisar a su madre. Ambas han pactado las consecuencias que tendría no hacerlo. Esa noche, Inés espera a su hija hasta que llega, casi dos horas más tarde del tiempo acordado. No le ha respondido a los mensajes ni a las llamadas, que es una de las condiciones si se retrasa.

Acompañamiento: Mientras espera a Jana con el miedo en el cuerpo, a partir de la hora en que se supone que debería haber llegado, y siguiendo el acuerdo que tienen, Inés le envía wasaps cada quince minutos. A la vez, hace ejercicios de respiración: sabe que la ayudan a sentirse mejor cuando el miedo la acompaña. Se dice que no tiene por qué haber pasado nada y que otras veces ha salido y ha vuelto sana y salva. Si llega más de media hora tarde sin avisar ni responder a los mensajes de su madre, Inés puede pasar de los mensajes a las llamadas y Jana debe responder. Si aun así no lo hace, puede llamar a sus amigas o a sus familias. Si pasa de las dos horas sin avisar ni contestar a los mensajes ni las llamadas y sus amigas tampoco lo hacen, puede desplazarse hasta donde se supone que están para recogerla allí. Si no la encuentra, puede avisar a la policía. Estos son los términos de su acuerdo.

Como se ha mencionado, Jana llega casi dos horas más tarde sin avisar ni responder a los mensajes y llamadas de Inés. Cuando entra, la madre se acerca a ella y observa su estado. No parece estar bajo los efectos de ninguna sustancia; en caso contrario, esperaría al día siguiente para tener esta conversación. Como no es así, le dice: «Hola, cariño, por fin. Estaba muy preocupada. No he podido dormirme porque no sabía nada de ti; no avisaste de que llegarías tarde y no respondías a mis mensajes ni llamadas, como acordamos que harías si te retrasabas. Tampoco han respondido tus amigas. ¿Ha pasado algo?». Inés espera a que Jana le conteste. Ella se justifica y le dice que se ha quedado sin batería mientras le enseña el móvil. Su madre le dice: «En ese caso, nuestro acuerdo incluía que debías estar pendiente del móvil de tus amigas. Quizá podías haber utilizado el de alguna de ellas para avisarme de que te habías quedado sin batería. Cuando no me avisas, me preocupo y, si no cumples nuestros acuerdos, siento que no puedo confiar en ti. ¿Crees que cuando salgas la próxima vez podré confiar en que me avisarás si llegas tarde?».

En este caso, las consecuencias estarían claras y se basan en el acuerdo que ya tenían. Jana no cumplió con la parte de avisar o responder, lo que hace que Inés no pueda confiar plenamente en que su hija siga los acuerdos en salidas futuras. La consecuencia principal es que la chica deberá asumir más vigilancia por parte de su madre en sus próximas salidas, lo cual podría implicar una mayor supervisión.

Si la situación se repite, las consecuencias podrían incluir limitar el número de salidas o que Jana solo vaya en unas condiciones más estrictas, como enseñarle el móvil a su madre con la batería cargada al salir o pedirles a sus amigas que se comprometan a estar pendientes en caso de que se quede sin batería. Inés también podría reducir el horario de salida de Jana como forma de mantener mayor supervisión y asegurarse de que, en futuras ocasiones, cumpla con el acuerdo. La conversación final es clave para recordarle a su hija que su responsabilidad es esencial para que ambas puedan confiar en que todo saldrá bien en el futuro, sin necesidad de que Inés se preocupe en exceso o tenga que recurrir a medidas más estrictas.

Al final, Jana la llama exagerada y le pide perdón entre dientes. La charla no sigue mucho más, se desean buenas noches y se van a dormir. Al fin de semana siguiente, Jana se dispone a salir de nuevo. Antes de que se marche, Inés le dice: «¿Has comprobado si tu móvil tiene suficiente batería? El fin de semana pasado se te acabó, y no me avisaste de que llegarías tarde. Te espero a las doce, como acordamos, y espero que me avises si el plan se alarga y vas a llegar tarde. Recuerda que, cuando no me avisas ni me contestas, me preocupo, y puedo llamar a tus amigas para contactar contigo y asegurarme de que estás bien. No olvides estar pendiente del móvil de tus amigas si algo pasa y no puedes avisarme con el tuyo».

Situaciones relacionadas con el uso de la tecnología

Recomendación: Acordar horarios y entornos concretos para la utilización de dispositivos electrónicos y supervisar los contenidos, en especial cuando se inician en su uso de manera autónoma.

Caso: Lorenzo y su hijo Pedro tienen un acuerdo mediante el cual el chico debe entregar el móvil a su padre antes de irse a dormir, a una hora determinada, cada noche. Un día, Pedro no encuentra el momento de apagar el teléfono. Se acerca la hora límite en la que debe dárselo a su padre, así que le pide que se lo deje un poco más cuando este le recuerda que solo le quedan quince minutos.

Acompañamiento: Lorenzo es consciente de que el cerebro de Pedro necesita la dopamina que le provoca el uso del dispositivo y que eso le impide dárselo a la hora acordada. También sabe que usarlo antes de dormir puede dificultar que concilie el sueño y que, en la adolescencia, el ciclo de sueño se ve afectado por las características de esa etapa. La melatonina se libera unas dos horas más tarde en las personas adolescentes, con lo cual la necesidad de sueño se retrasa de forma natural en este momento del ciclo.

Con todo esto, Lorenzo respira, le lanza una mirada llena de resignación a su pareja, que le recuerda que no es personal, es cerebral, y se dispone a hablar con Pedro: «Sé que quieres quedarte un rato más con el móvil y lo entiendo porque te lo estás pasando bien. A la hora de dormir, es importante evitar los dispositivos electrónicos para propiciar el sueño. Cuando duermes bien, el cuerpo y el cerebro descansan, y al día siguiente rindes más y te sientes mejor. Mañana tienes entreno de baloncesto, y querrás estar a tope. Es hora de que me des el móvil, como habíamos acordado». Pedro se queja y le dice que solo cinco minutos más, que está acabando la partida. Lorenzo le responde: «Todavía tienes un cuarto de hora para acabarla, pero, cuando pasen los quince minutos, espero que me lo entregues. Si no me lo entregas, sabes que vendré a buscarlo. Disfruta de tu cuarto de hora». El chico le dice que es un rollo, que lo tratan como a un niño pequeño y que no le dejan hacer nada. Lorenzo le contesta: «Veo que lo que te he dicho te ha hecho enfadar, y lo entiendo, porque querías seguir jugando. Tienes la opción de aprovechar los quince minutos que te quedan y acabar la partida o discutir conmigo durante este rato. ¿Qué prefieres?».

Situaciones relacionadas con la privacidad y el espacio personal

Recomendación: Acordar condiciones de acceso a y supervisión de los espacios privados personales.

Caso: Lucía, de catorce años, suele usar la ropa de Jimena, su hermana de dieciséis, sin pedirle permiso. Harta de esta situación, una tarde la mayor, muy enfadada, le dice a la pequeña que no vuelva a entrar en su cuarto y que no le permite usar más su ropa. Lucía no se lo toma bien y replica que hará lo que le dé la gana, así que las dos se enzarzan en una discusión que sube de tono con rapidez. Teresa, su madre, espera un rato, quiere darles espacio para que resuelvan el conflicto solas, pero Lucía traspasa uno de los límites que tienen en casa para las discusiones, insulta a su hermana con palabras mayores y Jimena la empuja.

Acompañamiento: Teresa respira hondo y se prepara. A veces las chicas se pelean de forma muy escandalosa, y sabe que no será agradable, pero es necesario contener cuando se traspasan las líneas de la falta de respeto y la agresión física. Son dos límites muy claros que tienen en casa, y las consecuencias de transgredirlos también las conocen. Ella y sus hijas han acordado que los conflictos deben resolverse entre las personas que los tienen de manera asertiva y sin violencia de ningún tipo. Si alguien de la familia traspasa esos límites, una de las que no están involucradas en el conflicto puede intervenir para que la situación no escale más. Después, tiene que haber un momento de reflexión individual que precede a una charla con todas las partes y una acción restaurativa.

Teresa se acerca a sus hijas y les dice: «Chicas, hemos traspasado los límites. No habéis resuelto vuestro conflicto sin usar la violencia, como hacemos en esta casa. Cada una debe ir a su cuarto inmediatamente a reflexionar sobre lo que ha pasado y cómo ha sucedido. Ya». Las dos intentan justificarse ante su madre, cada una responsabiliza a la otra. Teresa les responde: «Entiendo que tenéis motivos para estar enfadadas, es natural, después de lo que ha pasado. Cuando nos sentimos así, no podemos resolver nada y traspasamos los límites, como ha sucedido esta vez, así que cada una a su cuarto. Luego hablaremos. Ya». La madre usa el «ya» de forma firme. Suele hacerlo porque marca el momento en que las chicas deben marcharse, y por lo general lo entienden bastante bien, aunque a veces, como hoy, les cuesta. En este caso, las dos se marchan a su cuarto.

Al cabo de una hora, Jimena aparece en el salón, donde su madre está doblando ropa, y se sienta a su lado. Le pide perdón por lo que ha hecho y le cuenta que está harta de que Lucía le robe la ropa, que no la cuida, que se la devuelve rota o sucia, que la pierde y que es una cría, entre otras lindezas. Teresa le dice: «Te agradezco el esfuerzo de venir a hablar conmigo y pedirme perdón. Cuando suceden estas cosas, tenemos que hablar con las personas con las que nos han pasado, y el problema lo has tenido con Lucía. Habéis traspasado los límites la una con la otra, así que, si te sientes preparada para hablar ahora, puedo ir a buscar a tu hermana a ver si ella también lo está. ¿Qué te parece?».

La madre va a buscar a Lucía, que está más tranquila y, aunque remolonea un poco, cede y la acompaña al salón. Allí espera Jimena, muy seria. Teresa empieza diciendo: «Gracias a las dos por estar aquí para intentar solucionar vuestras diferencias. Antes no habéis resuelto el conflicto y habéis usado la violencia, algo que no nos sirve para entendernos. Sois hermanas, sé que os queréis, y discutir de vez en cuando es natural en todas las relaciones. Cuando traspasamos los límites, es importante hablarlo, más si la relación es importante para vosotras, encontrar una solución y disculparse, si hace falta. Si no lo he entendido mal, el conflicto es porque le coges la ropa a tu hermana sin su permiso, ¿verdad?».

Lucía intenta justificarse y muestra señales de rabia a lo que Teresa dice: «Veo que quieres decirme algo, Luci, pero con quien tienes que hablar es con tu hermana. Me voy a ir para que resolváis vuestro problema sin violencia, pero quiero que partáis de dos premisas: la primera, que las personas tenemos nuestras cosas y decidimos con quién las queremos compartir; la segunda, que, si prestamos algo a alguien, nos lo tienen que devolver en las mismas condiciones y, si no lo está, hay que hacer algo al respecto para compensar. Ahora, con estos dos principios, me voy, y volveré en diez minutos para que me contéis cómo lo habéis resuelto».

Todos estos ejemplos son solo eso: ejemplos. Tendrían miles de opciones en su desarrollo. Podríamos estar hasta el infinito y más allá desglosando las posibilidades de cada uno (¿y si pasa esto?, ¿y si pasa lo otro?, ¿y si reacciona así?, ¿y si reacciona asá?), pero la idea es que sirvan para entender el funcionamiento de la comunicación de límites en esta etapa.

Ya has visto que se trata de una atención constante, de dialogar para encontrar la forma de entendernos, y que puedan aprender, de una manera progresiva, que es importante considerar las necesidades de todas las personas que conforman la relación. Que es fundamental respetar las normas existentes o las que acordamos para proteger la convivencia y que se pueden revisar y ajustar, si es necesario, porque la adaptabilidad forma parte de la vida y las relaciones. Los límites no son muros. Son estructuras flexibles que nos ayudan a mantener las relaciones en buen estado y a convivir en los espacios públicos con otras personas de la mejor manera posible.

La educación está viva. Educar acompañando es una constante que siempre está en movimiento. Cada situación se valora cuando sucede y se tienen en cuenta sus circunstancias particulares. Constantemente se debate, se llega a acuerdos, se revisan y se ajustan los límites. Se dialoga y se vuelve a dialogar. Se recuerdan las expectativas y se vuelven a recordar. Se recuerdan los motivos y se vuelven a recordar. Y eso se traduce en tiempo. Tenemos que ser y estar. Ser nosotras para ellas y estar para poder educar.

Educar requiere tiempo, que es lo que muchas veces no tenemos por cómo se organiza nuestra sociedad. No tenemos tiempo para dialogar, llegar a acuerdos, conversar con la intención de entendernos. Y eso es algo por lo que tenemos que trabajar colectivamente. Debemos ponernos en marcha para proteger el derecho a educar y ser educadas. A acompañar y ser acompañadas. Sé que esto todavía parece ciencia ficción, pero ya hemos empezado, así que, si nos centramos en conseguirlo, solo es cuestión de tiempo. Hay que poner intención y acción.

LOS AMARRES

Ideas principales

✓ Utilizarás la frase: «Mientras vivamos bajo el mismo techo».

✓ Dialogarás. En los diálogos que mantendrás sobre los límites tendrás que incluir estas acciones: identificar la conducta, explicar los motivos que hacen que no sea adecuada o que la han provocado, anticipar/visibilizar las consecuencias, comentar las emociones y necesidades, y anticipar/visibilizar las expectativas.

✓ Repetirás. La repetición es fundamental para el aprendizaje porque utiliza los mecanismos naturales del cerebro para procesar, almacenar y recuperar la información. En el contexto de establecer límites, la repetición, combinada con consecuencias coherentes, ayuda a saber qué comportamientos son aceptables y cuáles no. Este aprendizaje se refuerza cada vez que se pone en práctica ese comportamiento y se experimentan las consecuencias correspondientes.

✓ Recomendaciones de límites para situaciones relacionadas con las tareas académicas: acordar el tiempo y espacio específicos para hacerlas, la participación de una persona adulta en ellas, si es necesario, el seguimiento que se hará con el centro educativo... Solo si la persona adolescente ha mentido al respecto o tiene dificultades para acabar las tareas, establecer su supervisión diaria para asegurarse de que se han realizado.

✓ Recomendaciones de límites para situaciones relacionadas con la convivencia: acordar las tareas que hay que hacer en casa y las normas relativas a los espacios comunes y al trato con las personas que convivís. Hacer un seguimiento de su ejecución y ajustarlas, si es necesario. Es importante no esperar que las hagan en el tiempo que a ti te va mejor ni como las harías tú.

- ✓ Recomendaciones de límites para situaciones relacionadas con el dinero: acordar una paga con porcentaje de ahorro y hacer un seguimiento de los gastos. Supervisar las entradas de dinero sospechosas. Prever las consecuencias ante las pequeñas sustracciones de dinero que a veces se producen.
- ✓ Recomendaciones de límites para situaciones relacionadas con el comportamiento en casa y fuera de ella: acordar y comunicar expectativas sobre el respeto en las relaciones, la resolución de conflictos, la conducta apropiada en diferentes entornos (centro educativo, casa de familiares o de amistades, organismos públicos, establecimientos de todo tipo, la calle…), el cumplimiento de normas comunitarias, leyes…
- ✓ Recomendaciones de límites para situaciones relacionadas con el uso de vehículos: acordar normas y responsabilidades al conducir o usar el transporte (familiar, personal, público, etc.).
- ✓ Recomendaciones de límites para situaciones relacionadas con la alimentación, la higiene y el sueño: acordar hábitos saludables (rutinas alimentarias, de higiene, de sueño) y supervisarlos.
- ✓ Recomendaciones de límites para situaciones relacionadas con equilibrar las responsabilidades y el tiempo de ocio: acordar condiciones para el tiempo de ocio y el de estudio u otras responsabilidades (de actividades extracurriculares, etc.).
- ✓ Recomendaciones de límites para situaciones relacionadas con las salidas: acordar las condiciones de las salidas nocturnas: vuelta a casa, planes, lugares y personas con las que estarán, consumo de sustancias, asistencia a eventos, viajes…
- ✓ Recomendaciones de límites para situaciones relacionadas con la privacidad y el espacio personal: acordar condiciones de acceso a y supervisión de los espacios privados personales.

- ✓ Recomendaciones de límites para situaciones relacionadas con el empleo de la tecnología: acordar horarios y entornos concretos para la utilización de dispositivos electrónicos y supervisar los contenidos, en especial cuando se inician en su uso de forma autónoma.

Epílogo

No todo es comunicar límites

Comunicar límites es una de las tareas más exigentes cuando acompañamos a personas adolescentes, pero no la única. Para sostenerla, así como el resto de las funciones que tenemos durante esta etapa, es básico cuidar de nuestro bienestar personal. Necesitaremos mucha energía para acompañarlas, así que es crucial reservar tiempo para las cosas que nos recargan. Buscar pequeños momentos de autocuidado diarios será uno de nuestros objetivos. No hace falta que hagamos grandes actividades o que destinemos mucho tiempo a esos instantes. Dependerá de la situación de cada una, pero es vital que nos permitamos descansar.

¿Que me gusta el teatro? Me apunto a una escuela o a una compañía amateur. ¿Que me gusta el deporte? Busco un gimnasio o lo hago a mi ritmo. ¿Que me encanta leer? Busco ratitos para hacerlo. ¿Que me apetece quedar con mis amigas? Quedo. Esto es autocuidado. Pero también es autocuidado no poner hoy las tres lavadoras que tengo esta semana. Ya lo haré en otro momento si estoy muy cansada. Si hoy no me apetece hacer algo muy complicado para cenar, no lo hago. Si hoy necesito tomarme un tiempo para pasear antes de llegar a casa y ponerme a hacer las mil tareas pendientes, pues lo hago. Que hoy me apetece tumbarme en el sofá a ver una serie en lugar de ir al gimnasio, pues lo hago (cuidado con extender esta práctica a «Nunca voy al gimnasio porque me quedo en el sofá» o «Nunca pongo las lavadoras»... Si eso pasa, quizá tengas que revisar la situación). Las cosas que nos recargan y nos cuidan pueden ser de muchos tipos. Encuentra las tuyas. Soy consciente de que permitirnos todo eso conlleva a veces un trabajo personal importante.

Otra de las cosas que vamos a necesitar en el caso en el que eduquemos en pareja, será cuidar esa relación. Mantener una línea comunicativa lo más fluida posible, tener la posibilidad de contar con la otra persona cuando las cosas se tuercen y encontrar en ella una aliada, no una enemiga. Compartir nuestras emociones, preocupaciones, dificultades y dudas, pero también los momentos chulos que ha habido durante el día con nuestras amivis. También lo maravillosa que nos parece esa estrategia que han utilizado con ellas en un momento concreto. Y recordarnos mutuamente los mantras.

El apoyo social es muy importante en esta etapa. Ya sea de nuestra pareja, familiares, amistades, profesionales o grupos de ayuda, necesitamos hallar una perspectiva externa que sea refugio, nos ayude a validar nuestras situaciones y aliviar la sensación de soledad que muchas veces nos atrapa, y que nos dé un punto de vista distinto, si lo solicitamos.

No dejemos de aprender y desarrollar recursos propios para ampliar nuestra capacidad de darles respuesta y ganar seguridad. Cuidemos nuestra salud como más nos guste y, cuando los retos nos superen, tomémonos un respiro y busquemos tiempo y espacio para reflexionar y recuperarnos. Esto será muy beneficioso y nos permitirá dar mejores respuestas a las situaciones que la adolescencia nos va poniendo delante.

Educar en esta etapa es una tarea emocional y físicamente exigente. Cuidarnos durante este momento es esencial para nuestro bienestar y el de las personas adolescentes que nos rodean. Cuidarnos influye en la calidad de la educación que les damos y la relación que tenemos con ellas. Si siempre estamos estresadas o agotadas, es más probable que nuestra salud emocional se resienta, dejemos de estar disponibles y, por consiguiente, que no les demos el apoyo y la atención que necesitan.

Las personas adultas que se cuidan y regulan mejor el estrés tienen interacciones más constructivas con quienes las rodean. Cuidarse también significa tener la energía y disponibilidad emocional necesarias para estar presentes en la vida de nuestras amivis. Si nos cuidamos, tendremos más energía y estaremos mejor preparadas para implicarnos activamente en su vida.

Es fundamental recordar que disponer de tiempo para el autocuidado nos aporta dignidad; no es un lujo, sino una necesidad para sentirnos bien. Por lo tanto, una sociedad que no fomenta que las personas cuenten con lo necesario para sentirse bien no respeta el derecho a tener una vida digna. Una vida llena de malestar emocional no es digna. Una vida sin salud mental no es digna. Y una vida sin oportunidades no es digna. El autocuidado se traduce en bienestar, y el bienestar es calidad de vida. Nos queda mucho trabajo por hacer para que esto se considere en toda su importancia.

Cuidarnos puede parecer un desafío adicional en una vida ya bastante ocupada, pero incluso los cambios más pequeños pueden tener un impacto significativo. Haz lo que puedas y, recuerda, trátate bien, porque, mientras viváis bajo el mismo techo, tienes la responsabilidad de ayudarlas a convertirse en personas adultas, pero eso no significa que debas olvidarte de ti.

Comunicar límites es una parte fundamental del acompañamiento durante la adolescencia, pero no es lo único para que transiten la etapa de la mejor forma posible. Además de establecer límites claros, es esencial proporcionarles un entorno de apoyo emocional que les permita sentirse seguras y valoradas. Necesitan saber que, además de las reglas, tienen un espacio donde expresarse y ser escuchadas sin juicios.

Es importante crear un ambiente en el que estén cómodas compartiendo lo que piensan y sienten porque saben que serán comprendidas y respetadas. La comunicación ayuda a fortalecer la confianza y permite entender sus necesidades y preocupaciones, algo crucial para la resolución de los conflictos que se darán durante esta etapa.

A medida que nuestras amivis crecen, necesitarán oportunidades para tomar decisiones y aprender de sus experiencias. Aunque te duela ver que lo pasan mal, es importante que lo hagan. Aprender a vivir su malestar emocional, sentirlo y transitarlo las ayudará a desarrollar habilidades básicas para la vida y asumir la responsabilidad de sus acciones. Permitirles experimentar las consecuencias naturales de sus decisiones las prepara para la vida adulta.

Cuida el desarrollo de la autoestima y la resiliencia en esta etapa. Elogia sus logros, anímalas a perseguir sus intereses y proporciónales un modelo que las inspire. El objetivo es ayudarlas a enfrentarse a los desafíos de la vida y aprender de los fracasos. Con el apoyo adecuado, la adolescencia puede ser la oportunidad que te permita ayudarlas a desarrollar la confianza necesaria para superar las adversidades y conseguir bienestar emocional. Esa sería nuestra misión como personas adultas que las acompañamos: ayudarlas a vivir con el máximo bienestar emocional posible.

El bienestar emocional es más que sentirse bien; no se consigue evitando las emociones desagradables, sino aprendiendo a regularlas y a entender lo que nos dicen para ponernos en acción y generar los cambios que nos permitirán seguir adelante. Una persona emocionalmente saludable puede sentir tristeza, rabia o frustración, pero también sabe procesar estas emociones, aprender de ellas y seguir con su vida sin quedarse atrapada en sus estados emocionales. Puede encontrarse con límites, entender lo que estos le provocan y seguir adelante sin que todo se derrumbe a su alrededor.

Bienestar emocional es reconocer las emociones y su impacto en los pensamientos y las acciones. Es manejar las reacciones emocionales en diversas situaciones de forma eficaz. Es recuperarse de contratiempos emocionales y adaptarse a los cambios con una actitud proactiva. Es mantenerse autónoma a nivel emocional, sin depender demasiado de las demás y sin que otras personas condicionen tus emociones. Es comprender y compartir los sentimientos de las demás, lo cual es clave para mantener relaciones saludables. Es alimentar una perspectiva esperanzada que te permita abordar los retos con confianza. El bienestar emocional es una parte crucial de la salud mental.

No se trata de no tener problemas, sino de experimentar los estados emocionales en favor de mantener una vida saludable y lo más agradable posible. Sentir es inevitable, y las emociones son un mecanismo de supervivencia. Ayudemos a las personas adolescentes que nos rodean a sentirlo todo para que no se desconecten de ellas mismas y puedan disfrutar de la vida con todos sus sabores. Para que, aunque en su travesía se encuentren con tormentas, nieblas, corrientes, mareas extremas o mar de fondo, puedan surcar todos los mares y capitanear su propio barco.

Agradecimientos

En primer lugar, quiero dar las gracias a Penguin Random House y en especial a mi editora, Laura Álvarez, por confiar en mí y proponerme escribir este libro que me ha permitido profundizar en un tema tan importante. A mi agente literaria, Justyna Rzewuska, por su apoyo y confianza. Gracias por facilitarme el camino para difundir ampliamente la importancia de ayudar a las familias a acompañar el desarrollo de la comprensión de los límites en las personas adolescentes de su vida.

En segundo lugar me gustaría agradecer a mi compañero de vida, Jorge, su paciencia y su apoyo constantes durante todo el proceso a pesar de su situación delicada de salud. Sin él no habría sido posible escribir este libro y hacer frente al resto de mis obligaciones diarias. Su amor me inspira y me anima en los momentos más difíciles.

En tercer lugar, agradezco enormemente el apoyo de mi madre, Mari, que tantas veces ha hecho posible que me sentase a escribir y me ha ayudado a sostener el proceso. Gracias a ella hoy puedo seguir dedicada a mi proyecto.

En cuarto lugar, agradezco los ánimos y las opiniones siempre constructivas de mi hermana Ángela y de mi sobrina Valentina; espero que este libro algún día sea muy útil para ellas.

En quinto lugar, agradezco a mis amistades que de vez en cuando me arrancaran del ordenador para tomar un poco de aire fresco. Conseguirlo no es fácil. Mi agradecimiento a las personas que forman parte de la comunidad de ayuda mutua LA TRIBU, por ser mi motor para seguir creando recursos útiles para las familias con adolescentes. Ellas son motivo e inspiración para mí. Quiero agradecerles su compromiso y su dedicación.

Finalmente, mi mayor agradecimiento es, sin duda, para ti, que estás leyendo este libro, para las personas que me leéis y que confiáis en mi experiencia y mis palabras, para todas las que formáis parte de mi comunidad en las redes sociales, que esperáis con ilusión mis libros, que me escribís, asistís a mis conferencias, comentáis mis publicaciones de forma respetuosa, que sois y estáis para las personas adolescentes de vuestra vida. Con vuestra implicación estáis construyendo un mundo mejor para todas. No estáis solas, somos muchas generando transformación. Gracias por caminar a mi lado y hacer que este sueño siga siendo posible. Os quiero.